KB133383

어떻게 미래를 예측할 것인가

Peut-on prévoir l'avenir?
by Jacques Attali
Copyright © Librairie Artheme Fayard, Paris, 2015
Korean Translation Copyright © Book21 Publishing Group, 2018
All rights reserved.

This Korean edition was published by arrangement with
Librairie Artheme Fayard (Paris)
though Bestun Korea Agency Co., Seoul

어떻게
미래를
예측할
것인가

역 사 속 시 그 널 을 읽 으 면 미 래 가 보 인 다

자크 아탈리 지음 | **김수진** 옮김

21세기북스

"오늘을 살고 있는 우리가 내일을 좌지우지할 수는 없다.

다음 날을 생각하면 기분은 잿빛으로 우울해진다.

그러니 시커멓게 속이 탄 절망적인 상황이 아니라면

지금 이 순간을 놓치지 말라.

우리의 내일이 어떤 모습을 감추고 있는지는 아무도 모르기 때문이다."

우마르 하이얌(Omar Khayyaâm)**

11세기 페르시아의 수학자이자 천문학자, 시인. 대수학과 기하학에 뛰어난 중세 최고의 수학자 중 한 명. 새로운 역법을 고안하기도 했다. 그가 쓴 4행시집 『루바이야트』에는 과거와 미래에 대한 집착을 버리고 현재를 즐겨야 한다는 주제가 담겨 있다.

확실히 내 정체성의 상당 부분은 어머니의 빗나간 예측과 아버지의 정확한 예측으로 결정되었다. 쌍둥이를 출산할 줄 몰랐던 어머니가 아이의 이름을 하나만 지어놓고 기다렸기 때문에 내 이름은 순전히 우연으로 정해졌다(출산 직후 어머니의 병실로 황급히 전달된 또 하나의 아기 요람에는 나보다 먼저 이 요람을 사용했던 아기의 이름표가 아직 붙어 있었는데, 그게 바로 내 이름이 되었다). 반면 앞으로의 일을 상당히 정확하게 예측하는 사람이었던 아버지는 대대로 알제리를 삶의 터전으로 삼았던 집안 출신이면서도 알제리 독립전쟁 초기에 일찌감치 미래의 알제리 운명을 예상하고 그곳을 떠나 파리에 정착하기로 결심했다. 당시 모든 친척이 아버지를 이해하지 못하고 비웃었지만, 아버지는 자식들을 위해 결심을 단행했다. 만약 이때가 아니라 알제리 전쟁 이후의 대공황 시기에 파리로 왔더라면 우리 형제의 운명은 분명 크게 달라졌을 것이다. 이것이 바로 내가 수십 년 전부터 미래를 해독하는 데 몰두하고, 이 책 저 책을 찾아가며 다양한 방식으로 미래의 여러 측면을 탐구하게 된 은밀한 이유 중 하나다.

내가 미래에 천착하는 데는 또 다른 이유도 있다. 마치 미래에 살고 있는 듯이 느낄 정도로 먼 미래에 대한 생각에 골몰하는 것이야말로 자신의 삶을 한계점 이상으로 연장하는 한 가지 방편이기 때문이다.

물론 미래를 예측하는 일은 위험천만하다. 미래를 예측하다 보면, 누구나 기피할 정도로 어려운 행동임에도 그것을 해야 할 필요성을 절감하게 되기 때문이다.

그럼에도 자신의 미래를 예측하는 일은 반드시 필요하다. 하지만 이는 정해진 미래에 순종하기 위해서가 아니라, 미래의 리스크를 관리하고 가능한 한 자신의 인생의 흐름을 스스로 정하기 위해서다.

물론 미래를 예측하는 일은 가능하다. 다만 주의해야 할 점은 미래를 '예측'하는 것과 미래를 '예언'하는 것은 다르다는 사실이다. 미래를 '알게 된다'는 의미는 더더욱 아니다. 그저 어느 한도 안에서 미래의 일을 예측한다는 뜻이다.

수천 년 전부터 인류는 동일한 미래 예측 기법을 사용해 왔으나 그 효율성은 담보할 수 없었다. 하지만 근래 들어 등장한 초성능 기계 덕분에 정말로 우리 운명을 예언할 수 있는 날도 초읽기에 들어간 것으로 보인다.

나는 이제 우리가 개인의 차원에서든 집단의 차원에서든 자기 운명의 대부분을 예측할 수 있다고 믿는다. 단, 그러려면 조건이 있다. 이성과 직관으로 이루어진 아주 특별한 방법을 따라야 하며, 오늘날까지 축적된 모든 지식을 미래 예측에 활용하고 이를 뛰어넘는 새로운 자유의 길을 열어야 한다. 이 책에서 나는 그 방법을 밝히고자 한다.

자기 생각만 하는 사람들은 미래를 예측할 때 그들이 속해 있는 문화권과 시대에 따라 여러 범주에서 오직 자신의 미래만 예상하는 것으로 그 대상 범위를 축소해서 생각한다. 나는 어떤 사람이 될까? 내가 사랑하는 사람들로부터 내가 사랑받을 수 있을까? 이러저러한 일을 하기에 적합한 때가 언제일까? 내일 날씨가 화창할까? 이 싸움에서 내가 이길까, 아니면 질까? 내가 살아갈 날이 얼마나 남았을까? 어떤 질병이 날 위협할까? 나는 무엇 때문에 죽을까? 죽은 다음 나를 기다리고 있는 것은 무엇일까?

반면 가까운 사람들의 운명까지 걱정하는 사람들은 이 밖의 다른 문제들도 고민한다. 내가 사랑하는 사람들의 미래는 어떨까? 내가 속한 공동체의 미래는? 내가 다니는 회사의 미래는? 나의 조국의 미래는? 인류의 미래는? 지구의 미래는 어떻게 될까?

지금까지 인류는 이 모든 질문에 대한 답을 찾기 위해 부단히 노력했지만, 긴 세월 동안 아무런 소득이 없었다. 그러나 오늘날에는 사정이 다르다. 어디서 그 답을 찾을지 알기만 한다면 현세에 도래할 미래에 대해서만큼은 어느 정도 그 답을 얻을 수 있게 되었기 때문이다.

나는 매우 일찍부터 나와 다른 사람들, 일반적으로 말하자면 인류 사회의 운명을 예측하는 데 관심을 가졌다. 지금까지 나는 운명 예측에 사용하는 기법에 관해서는 어떤 글도 발표한 적이 없지만, 이 기법을 다양한 집단의 운명에 적용해 알아낸 사실에 대해서는 많은 글을 썼다.

그 첫 번째가 1975년에 발표한 『말과 도구』라는 제목의 책이다. 이 책에서 나는 정보가 에너지를 점차 어떻게 대체할지, 그리고 특히 의사소통 도구가 교통수단을 점점 어떻게 대신할지 설명했다. 뒤이어 1977년에는 음악사에 관한 에세이 『소리』에서 작곡과 연주를 통해 음악이 인간의 활동 중 가장 빨리 변화했음을 보여주고, 음악과 음악가의 위상 변화를 예측하면 다른 사회 영역의 변화를 예상하는 데 도움이 된다는 논리를 폈다. 이 연구 덕분에 바로 그해부터 나는 모든 사회에서뿐만 아니라 개개인의 인생에서도 매 순간마다 음악의 비중이 커지리라는 예언을 할 수 있었다. 또한 음악이 무료로 제공되거나 공유될 것이고, 지금의 유튜브에 해당하는 매체가 출현할 것이며, 공연예술과 음악연주가 발전하리라는 것도 내다보았다. 물론 여전히 두고봐야 할 일이지만, 새로운 악기가 등장하고 사람들이 예술을 소비하는 대신 직접 예술 활동을 하는 일이 보편화되리라는 것 또한 점쳤다.

그 후 1978년과 1981년에 출간된 에세이, 『새로운 프랑스 경제』와 『세 가지 세계』에서 나는 무엇보다도 세계의 중심이 대서양에서 태평양으로 옮겨가고, 개인용 컴퓨터와 휴대전화가 출현하며, 모든 사람이 자신만의 제어기기를 가지고 다니는 감시사회가 오리라 예상했다. 1979년에 출간한 『식인의 질서』는 의학과 의학사를 다룬 책이다. 이 책에서 나는 의학이 경제에서 차지하는 비중이 점점 커질 것이고 의사라는 직업의 프롤레타리아화가 진행되며 환자가 심신을 '자가 관리'하고 인공장기와 로봇 기계화가 발달되리라 내다보았다. 또한 동물복제와 인간복제, 죽음에 대한 새로운 태도, 오늘날의 '트랜스휴머니즘trans-humanism(기술의 발전이 인간의 한계와 문제점을 해결하여 인간 존재를 혁신한다는 입장으로, 첨단기술을 통해 성능이 개조된 새로운 인간, 즉 트랜스휴먼을 만들 수 있다는 비전을 가짐 - 옮긴이)'에 해당하는 화두도 던졌다. 뿐만 아니라 인간이 자기 자신을 소비함으로써 어떻게 하나의 대상이 되는지도 설명했는데, 이러한 우려는 오늘날 개개인이 자신의 개인정보에 대한 재량권을 가지면서 정확히 현실로 나타났다.

1988년에 나는 『본래 의미와 비유적 의미. 소유의 역사』

라는 제목의 책에서 소유의 시대가 가고 임대의 시대가 부상할 것이라고 했으며, '노마드 물품(1985년 자크 아탈리가 제안한 이 개념은 부싯돌, 활, 스위스 칼, 휴대용 오디오플레이어, 노트북, 휴대폰, 반려로봇 등 유목민이나 유랑자가 이동하며 살아갈 때 도움을 주는 물건들을 뜻함 – 옮긴이)'이라는 개념을 주창했다.

　이후로 수년간 다양한 저작을 발표하면서 나는 시간 측정, 소유, 정주定住, 유랑, 일, 성, 사랑, 가족, 자유, 사회주의, 자유주의, 자본주의, 유대교, 죽음에 대한 태도, 이데올로기, 모더니티, 예술, 유럽, 세계 통치 등의 미래에 대해 기술했다. 그 후 이러한 내용을 잠정적으로 종합하여 1990년의 『지평선』과 2006년의 『미래의 물결』이라는 두 권의 책으로 소개했다. 그중 『미래의 물결』은 2015년 가을에 파리 루브르 미술관과 브뤼셀 왕립 미술관이 이 책에서 영감을 받아 기획한 같은 제목의 전시회가 열렸을 때 개정 증보되었다.

이제 나는 이 책에서 내가 어떻게 미래를 예측하는지, 그리고 어떻게 하면 우리 각자가 미래를 예측할 수 있을지 설명하고자 한다.

'미래를 알다' '미래를 예언하다' '미래를 예측하다', 이 세 가지 표현은 얼핏 같은 의미처럼 보이지만, 사실은 모두 뚜렷하게 다른 의미를 지닌다.

먼저, '미래를 안다'는 것은 미래가 사전에 미리 정해져 있으며, 미래의 세세한 부분을 전부 알 수 있다는 생각을 바탕으로 한다. 이것이 가능하다고 믿는 사람들은 우리에게 닥치는 운명을 있는 그대로 받아들이고 체념해야 한다고 결론짓는다. 왜냐하면 이러한 운명은 매일매일 신이나 자연이 결정해주기 때문이다. 그래서 이들은 신이 우리의 운명을 바꿔주게 하려면 기도를 해야 한다고 주장한다.

다음으로, '미래를 예언한다'는 것 역시 미래가 변할 수 없다는 생각을 바탕에 깔고 있다. 다만 이 경우에는 우리가 미래를 완전히 다 알 수 있다고 믿지는 않는다. 그래서 미래를 단편적으로 짐작하거나 운명이 정해놓은 것을 약

간만 예상하는 선에서 만족한다. 물론 이 경우에도 미래를 완전히 바꿀 수 있으리라는 기대는 하지 않는다. 기껏해야 기도를 통해 조금 바꿀 수 있다고 믿는 정도다.

마지막으로, '미래를 예측한다'는 것 역시 적어도 부분적으로나마 미래를 짐작하려고 노력하는 행위다. 다만 앞의 두 경우와 달리 이것은 미래가 고정불변의 것이 아니며 우리의 행동에 따라 애초에 했던 예측과는 다른 길로 흘러갈 수 있다고 생각하는 것이다.

미래를 '알기 위해' 또는 '예언하기 위해' 애쓰는 것은 그냥 체념하고 받아들인다는 뜻이다. 반면 미래를 '예측하기 위해' 노력하는 것은 본인이 원한다면 자유롭게 살고 '자기 자신이 될' 준비가 되었다는 뜻이다.

우리는 이러한 내용을 토대로 이 책의 주제인 '자기 자신 예측하기'와 이보다 앞서 출간된 책(『언제나 당신이 옳다』, 2014)의 주제인 '자기 자신 되기' 사이의 관계를 추론해볼 수 있다. 우선 이 두 가지를 혼동하지 않는 것이 매우 중요하다. '자기 자신 예측하기'는 우리에게 일어날 일을 다루는 반면, '자기 자신 되기'는 우리가 되고 싶어 하는 것에 관한 문제다. 자기 자신을 예측하는 데는 통찰력이 요구되지만, 자기 자신이 되려면 야망이 필요하다. 그런데 야망은 없지만 통찰력이 있을 수 있고, 반대로 통찰력은 없지만 야망이 있을 수 있다.

미래를 '알거나' '예언할' 수 있다고 생각하는 사람들은 신에게 도전하거나 기도하지 않는 한 '자기 자신 되기'의 결과는 사전에 이미 결정되어 있다고 간주한다.

이들과 달리 자신의 운명에 스스로 영향을 미칠 수 있다고 믿는 사람들은 자신에게 일어날 미래가 무엇인지 먼저 파악하려 한다. 그래야만 필요한 경우에 운명의 흐름을 바꾸어 소망하던 궤도로 운명을 근접시킬 수 있기 때문이다. 이는 전장의 장수가 정찰병이나 스파이를 적지로 보내 염탐하게 한 후 상황 보고를 듣고 전략을 수립하는 것과 같은 이치다. 즉, 미래를 예측하는 일은 시간의 정찰병, 미래를 염탐하는 스파이를 보내는 것과 같다.

그러나 이렇듯 운명의 궤도를 수정하기 위해 미래를 예측하는 사람들이 있다고 해서, 역逆으로 미래를 예측하는 이유가 반드시 미래를 바꾸기 위해서라고 단정할 수는 없다. 자신의 미래를 예측하려는 이유는 자기 인생의 흐름을 바꾸거나 '자기 자신 되기'를 추구하기 위해서가 아니라 단지 위험을 피하기 위해서일 수도 있기 때문이다.

가령 야간에 운전할 때 장애물을 피하려면 전조등을 켜는 것이 좋지만, 불을 켰다고 해서 반드시 진행 방향을 바꾸지는 않는다. 마찬가지로 기업이 리스크 평가를 하는 이유는 앞으로 당면할 수 있는 모든 리스크를 피하기 위해서지 기업 활동을 바꾸기 위해서가 아니다. 은행원은 지급한 대출을 상환받지 못할 경우를 모두 파악하고 있는 편이 좋다. 물론 그렇다고 반드시 대출 방침을 변경하는 것은 아니다. 국가의 경우에는 국가발전 모델이나 정책 계획안을 변경할 의도가 없더라도 앞으로 닥칠 위험을 전망해보는 편이 좋다. 마찬가지로 꼭 인류의 운명을 크게 바꾸겠다는 생각이 아니더라도, 지구의 기후 변화에 따른 재난 발생 가능성을 낮추기 위해 기후의 변화를 미리 예측하는 편이 좋다. 또한 박해받는 민족들이나 특정한 차별의 대상이 되는 희생자들은 더더욱 그들 앞에 도사리고 있는 위험을 항상 예측하지 않으면 안 된다. 이들에게는 미래를 예측하는 것이 생존의 조건이기 때문이다. 다만 조국이나 종교로 말미암아 위험이 발생할 수 있다고 해서 반드시 조국이나 종교를 바꿔야 하는 것은 아니다.

오늘날, 미래를 예측하지 못하거나 예측하고 싶어 하지 않는 사람들은 비극적인 내일을 맞이할 준비를 하고 있다고 볼 수 있다. 이들은 노후를 준비하지 않는다. 부채를 안고 살면서도 어떻게 상환할지 걱정도 하지 않는다. 이들은 자신의 행동이 환경과 타인에게 어떤 영향을 미칠지 조금도 신경 쓰지 않고, 행여 어떤 일이 벌어질지 알더라도 이를 무시하려 한다. 이와 반대로 앞선 경우처럼 자멸을 초래하는 장난을 하지 않고 미래를 예측하며, 다른 사람들에게도 왜 미래를 예측해야 하는지 알리려 하는 이들은 오래도록 생존할 것이고, 결국에는 그런 사람들만이 살아남아 인류를 구성할 것이다.

이는 충분히 가능한 일이다. 인간을 만물의 영장 자리에 오르게 한 인간의 특성이 바로 미래를 예측하는 능력이라는 사실을 결코 잊어서는 안 된다. 실제로 인간들 중에서도 우두머리는 미래 예측 능력이 뛰어나거나 최소한 자신이 한 예측을 믿게 만들거나 미래를 예측하는 사람들을 관리하는 능력이 뛰어나다는 특징이 있다. 따라서 오늘날에는 미래를 예측하는 일이 일종의 강박관념처럼 강소뇌어야 한다. 그러면 그 대가로 자유를 얻을 것이다.

⋙

과연 미래를 예측하는 것이 가능할까? 혹자는 절대 불가능하다고 생각해서 차라리 지체 없이 포기하는 편이 낫다고 주장한다.

그 이유는 첫째, 우리가 시간이 무엇인지조차 모르기 때문이다. 누구나 (우리의 몸, 삶, 감정, 추억, 기대 안에서) 시간이 흐르는 것을 느끼고, 누구나 과거와 현재의 개념을 대략적으로 이해한다. 하지만 동시에 누구나 기억은 거짓이며 현재는 덧없이 흘러가고 미래는 금세 과거가 된다는 사실도 알고 있다. 우리가 시간을 규정할 수 없다는 사실을 알고 있다는 말이다. (가령, 시간의 시작이 있다고 한다면 이는 부조리하다. 그런데 시간의 시작이 없다고 한다면 이는 더욱 불합리한 것 아닐까?) 이렇듯 명확하게 미래를 구분할 수 없는 상황에서 미래를 예측하는 것은 어불성설이라는 주장이다.

둘째, 개인이나 집단의 미래는 너무도 많은 사건으로부터 영향을 받기 때문이다. 그렇기에 우리 자신만으로 어떤 일의 흐름을 정하리라 기대하는 것은 너무나 터무니없는 일이다. 만약 우리가 어떤 사람을 우연히 만나지 않았더라면 우리 인생은 완전히 다른 모습일 수 있다. 반대로 우리가 어떤 약속에 늦지 않았더라면 우리 운명을 바꿀지 모를 남자나 여자를 만났을지도 모른다. 만약 어떤 회사에 안목이 있는 사장이 없었더라면 그 회사를 살린 기술을 놓쳐버렸을 수도 있다. 이것은 민족과 역사의 차원에서도 마찬가지다. 만약 1914년 6월 사라예보에서 프란츠 페르디난트 대공이 암살을 모면했더라면 제1차 세계대전은 발발하지 않았을 것이다. 만약 1984년 모스크바에서 유리 안드로포프 소련 공산당 서기장이 일찍 사망하지 않았더라면, 또는 미하일 고르바초프 대신 원래 예상되었던 대로 그레고리 로마노프가 콘스탄틴 체르넨코의 후계자가 되었더라면 소비에트연방은 지금까지 건재했을지도 모른다. 만약 2011년 9월 11일 테러범이 납치한 네 번째 항공기가 용감한 승객들에 의해 비행 궤도에서 벗어나지 않고 예정대로 백악관에 충돌했다면 세계의 운명은 달라졌을 것이다.

이뿐만이 아니다. 세상은 이전보다 더 불확실하고, 유동적이며, 명확하지 않고, 모호해졌다. 또한 현실세계는 이제 너무도 많은 이미지들과 가상의 것들로 이루어져서 과거, 현재, 미래가 완전히 동등하고 서로 대체 가능한 것이 되었다. 즉, 현실이 가상현실에 잠식되어 과거, 현재, 미래라는 시간 구분이 모호해졌다. 그래서 오늘날에는 얼핏 공허해 보이는 '미래'라는 개념을 고찰하는 것은 어리석은 일이라고 여기는 사람들도 많다.

이렇게 생각하면 수학자 나심 니콜라스 탈레브(레바논 출신의 뉴욕 대학교 교수, 저명한 투자전문가이자 경제학자. 저서로는 『행운에 속지 마라』 『블랙 스완』 등이 있다 – 옮긴이)가 내린 결론이 충분히 납득이 간다. 그는 이 주제에 관해 1,000페이지에 달하는 학술적인 분석을 한 후 다음과 같이 단호하게 결론지었다.

"예측은 정말로 불가능하다."

이와는 반대로, 미래를 예측하고 예언하고 심지어 아는 것이 가능하다 하더라도 이를 삼가야 한다고 생각하는 사람들이 있다. 자신이 불치병에 걸린다는 사실을 꼭 알아야만 할까? 죽음에 대한 생각을 반드시 해야 할까? 부부 사이에서 배우자의 행동을 예측하려고 꼭 애써야 할까? 이렇게 미리 다 알면 스스로 권태에 빠져들지 않을까? 친구 집에 저녁식사 초대를 받았는데 그 자리에 누가 참석하고 어떤 말이 오갈지 미리 안다면 그래도 가고 싶은 마음이 들까? 어떤 연극이나 뮤지컬 공연이 별 내용이 없다는 사실을 미리 알게 되더라도 변함없이 이 공연에 관심이 갈까? 마찬가지로 전기로 인해 수백만 명이 사망하리라는 예측을 할 수 있었더라면, 일찍이 전기가 사용됐겠는가? 더 일반화해서 이야기하자면, 만약 미래를 완전히 예측할 수 있다면 그래도 여전히 살고 싶은 생각이 들까? 그러므로 예측할 수 없는 대상의 존재는 모든 사회생활과 모든 쾌락, 모든 결정에 꼭 필요한 것이 아닐까?

어떤 사람들은 미래를 예측하는 일이 쓸데없을 뿐 아니라 위험하다고까지 생각한다. 앞으로 일어날 사건을 예상한 이상, 그와 관련된 어떤 행동을 하지 않을 핑계를 댈 수가 없기 때문이다.

반면, 또 다른 사람들은 자신의 개인적인 미래를 예측하는 일은 유용하나 다른 사람의 비밀스러운 미래를 알아내기 위해 파고드는 일은 절대로 하면 안 된다고 생각한다.

그러면 인생이 참으로 견디기 힘들어지기 때문이다. 가까운 사람들이 죽는 날짜를 모두 알 수 있는 그린 사회는 살 만한 곳이 못 될 것이다. 일반적으로 이러한 생각을 가지고 있는 사람들은 다른 사람의 미래는 자신과는 전혀 상관없는 일로 여긴다. 특히 미래 세대의 운명을 예측하는 것은 아무짝에도 소용없다는 입장이다. 그런 면에서 그루초 막스(1900~1950년대에 활동한 미국의 유명 희극 배우 – 옮긴이)의 지적은 일견 일리 있게 들린다.

"왜 내가 미래 세대의 운명을 걱정해야 하지? 그들은 나를 위해 아무것도 하지 않았는데."

하지만 다른 사람의 운명, 심지어 미래 세대의 운명은 우리와 관계가 있다. 우리가 아는 사람이건 모르는 사람이건, 우리와 가까운 사람이건 먼 사람이건 말이다. 아무도 다른 사람의 운명에 개의치 않는 세상을 한번 상상해보면 쉽게 이해가 갈 것이다. 자신의 가족, 친구, 고용인, 고용주, 동포, 자녀, 손자의 운명을 나 몰라라 하는 세상, 심지어 다음 세대를 너무도 걱정하지 않아서 더 이상 다음 세대가 존재하지 않고 아무도 태어나지 않는 그런 세상 말이다. 그러면 현재 살아 있는 사람들은 지구상의 마지막 인류가 되고 이들에게 세상은 금세 지옥이 될 것이다.

그렇다면 과연 우리는 미래를 예측할 수 있는가? 이것이 바로 이 책에서 다룰 주제다.

인류는 예부터 천체를 유심히 관찰하고, 예언자에게 질문하며, 카드에서 메시지를 읽고, 운명을 나타낸다고 생각되면 무엇이든 깊이 파고들었다. 여기에 사용된 여러 기법의 효력은 합리적인 방법으로 입증된 적이 없었지만 놀랍게도 인류는 그 유효성을 추호도 의심하지 않은 채 이

여기서는 내가 어떻게 미래를 예측하는지, 그리고 오늘날 우리 각자가 모든 기업과 모든 국가, 인류 전체가 자신의 운명과 타인의 운명을 어떻게 예측할 수 있는지를 밝힐 것이다. 하지만 그 전에 태곳적부터 인류가 사용한 미래 예측 기법의 역사를 훑어보는 짧은 여행을 떠날 필요가 있다. 그러한 기법들에는 버릴 만한 것이 하나도 없고, 내가 만든 일관성 있고 효율적인 미래 예측법에도 그 기법들이 거의 모두 녹아 있기 때문이다.

인류는 예부터 천체를 유심히 관찰하고, 예언자에게 질문하며, 카드에서 메시지를 읽고, 운명을 나타낸다고 생각되면 무엇이든 깊이 파고들었다. 여기에 사용된 여러 기법의 효력은 합리적인 방법으로 입증된 적이 없었지만 놀랍게도 인류는 그 유효성을 추호도 의심하지 않은 채 이

기법들을 바탕으로 미래를 예측하는 데 몰두했다. 마치 초기 인류가 새벽에 태양이 다시 뜨고 땅거미가 지면 밤이 다시 오는 것조차 몰랐던 것처럼, 인류는 아무것도 예상할 수 없는 세상에서 앞으로 닥쳐올 운명을 알아내기 위해 무턱대고 매달렸다. 비록 이러한 기법들은 그 유효성이 증명되지는 않았음에도 모두 다양한 미래를 알려준다. 천체 관찰에서 해몽에 이르기까지, 우연이 지배하는 게임부터 가장 희미한 신호(전략을 수립하고 불확실성을 줄이기 위해 미래를 예측할 때 기회나 위협과 같은 환경을 인식하는 요소로, 불분명하게 들리거나 일어날 것 같지 않은 사건처럼 보이는 신호를 말함-옮긴이)의 해석에 이르기까지 모든 것이 의미를 가질 수 있다.

한편 미래를 예측하는 사람이나 예측할 수 있다고 믿게 만드는 데 성공한 사람, 또는 예측하는 사람을 지배하는 사람(시간 순서대로 보면 성직자, 중세의 직업군인, 정치가, 재력가)이 대부분의 권력을 장악해왔으므로 예측의 역사는 어떤 면에서 권력의 역사이기도 하다.

그런데 미래를 예측하는 사람들은 항상 위험한 상황에 처한다. 이들은 대개 비관적이기 때문이다(우리는 알지 못하는 미래를 늘 어둡게 생각하는 경향이 있다. 마치 자신이 죽은 후에도 다른 사람들이 존속한다는 이유로 그들을 벌주기라도 하려는 것처럼 말이다). 또한 미래를 예측하는 사람들은 자신이 말하는 내용에 대한 책임을 추궁받는 경우가 많다(마치 그들이 그런 미래를 바라기라도 한 것처럼 말이다). 따라서 미래를 예측하려면 자신이 예측한 것이 일어나기를 바라고 있다는 오해와 비난을 받을 위험을 무릅써야 한다. 사실 미래를 예측하는 본래 의도는 그 일이 일어날까 두려워서 그렇게 되지 않도록 맞서 싸우기 위함이지만 말이다.

일례로 나 자신도 미래를 예측하면서 순전히 악의적인 비난을 받았던 적이 있다. 한번은 내가 은퇴자와 노령인구에 대한 정부의 재정 문제에 관해 의견을 피력하자, 내 의도와는 다르게 이를 받아들인 자들이 내게 맹비난을 퍼부었다. 내가 은퇴에 따른 재무 부담을 줄이기 위해 은퇴 연령에 이른 사람들의 안락사를 찬성한다는 것이 그 이유였다. 하지만 실제로 내가 이야기하고자 했던 것은 그와 정반대였다. 시장의 법칙이 적용되면 위와 같은 상황이 발생할 위험이 있으므로 그렇게 되지 않도록 맞서 싸워야 한다는 것이 내 주장이었기 때문이다. 이외에도 내가 2011년

12월에 유로의 종말을 피할 수 없다고 선언했다며 비난을 퍼부은 사람들이 있었는데, 정작 내가 원래 했던 말은 '만약 유럽중앙은행이 적기에 개입하지 않으면 그해 성탄절이 되기 전에 유로가 사라질 위험에 처한다'는 경고였다. 결국 유럽중앙은행은 12월 23일에 성공적으로 개입하여 사태를 마무리 지었다.

미래를 예측하는 것은 처음에는 신의 전유물이었고, 그다음에는 지상에 사는 신의 대리인의 전유물이었다. 빅토르 위고가 '지옥의 관찰자'라고 명명했던 이 사람들은 기도, 최면, 천체와 신체에 나타난 징후 관찰, 우연, 명상, 음악, 춤을 통해 미래의 비밀을 꿰뚫어보려 노력했다. 샤먼, 예언자, 점술가가 바로 여기에 해당한다. 이들은 숭배의 대상인 동시에 증오의 대상이며, 두려움의 대상이자 경배의 대상이었다.

인간은 점차 앞날을 내다보는 권한을 차지하려고 시도했고 마침내 다양한 합리적인 기술을 이용해서 미래에 대한 어느 정도의 자료를 얻는 데 성공했다. 그리고 미래를 예측하는 법을 배우기 위해 놀이, 문학, 음악, 유머와 같은 방법을 조금씩 개발했다.

그런데 최근에 와서 모든 것이 삐걱거리기 시작했다. 역사가 흘러가는 방향이 예상과 전혀 맞아떨어지지 않은 것이다. 자본주의나 사회주의 민주주의에 대한 예측은 너 나 할 것 없이 빗나갔다. 이제 세상은 점점 더 예견하기 힘들어졌고, 대부분의 사람들은 자유와 갑작스러운 변화에 도취되어 현재의 순간을 사는 것에 만족한다. 이들은 더 이상 미래에 대해 아무것도 기대하려 하지 않고, 영원은 물론 자신이 살아갈 날들에 대해서도 생각하려 들지 않는다. 이들은 어처구니없는 오락거리와 헛된 탐욕에 얼이 빠져 자신이 결국 죽음을 면할 수 없는 존재라는 사실을 망각하기 위해 온갖 일을 다 한다.

상호작용이 복잡하게 일어나는 오늘날, 인류는 미래를 예측하는 임무를 점차 기계에 위임하고 있다. 따라서 금융, 의료, 안보, 소비, 생산 등 모든 영역에서 예측의 정확성이 점점 향상되고 있고, 바로 이런 과정을 통해 예측은 예언이 되어가는 중이다.

문제는 이 같은 미래에 대한 지식이 공평하게 공유되지 않고, 태곳적부터 그랬듯이 앞으로도 일부 몇몇에게만 유리한 중대한 권력 수단으로 남으리라는 점이다. 그 몇몇에

속하는 이들로는 언제나 그렇듯 직관과 예지력을 보이는 사람들이 가장 먼저 꼽힌다. 또한 앞으로는 보험회사의 데이터 관리업체가 개인이 직면할 수 있는 모든 리스크를 파악하여 그것을 최소화하는 쪽으로 개인의 행동 방향을 유도하게 될 것이다. 이렇게 되면 자발성의 정도는 다르더라도 모든 사람이 예측력을 지닌 독재 권력의 협력자가 될 가능성이 높다.

나로서는 이런 식으로 인류의 자유가 소멸되리라 믿고 싶지 않다. 또한 우리의 미래를 예견하고 여기에 영향을 미칠 방편이 더 이상 없다고 여기고 싶지도 않다. 뿐만 아니라 지금도 그렇고 앞으로도 기계가 인간이 가진 고도의 사고력을 대체할 일은 절대로 없을 것이라 믿는다. 그리고 민주주의가 종국에는 환상에 불과한 사상이 되리라고도 생각하지 않는다. 마지막으로, 나는 인류가 자신의 위대함을 이루는 가장 큰 요소, 바로 미래를 선택하기 위해 미래를 계획하는 인류의 능력을 포기할 것이라고 생각하지 않는다.

오히려 나는 우리 각자가 자신의 미래를 예측할 잠재력이 지금 그 어느 때보다 크다고 생각한다. 또한 미래를 앞서나가는 것이야말로 우리의 자유를 수호하고 정복할 최후의 무기라고 믿는다.

그리고 그럴 수 있도록 나는 수 세기 동안 축적된 지식을 활용하여 아주 특별한 미래 예측 기법을 개발했고, 이 책을 통해 그 기법을 공개하고자 한다. 내가 이 예측 기법을 사용해보니 내 개인적인 미래와 내 미래에 영향을 주는 다른 사람들의 미래를 예측하는 데 매우 효율적이었다. 사람들은 과거보다는 미래로 더 많이 얽혀 있다. 그래서 사람들의 놀라운 운명은 더할 나위 없이 매력적이다.

CONTENTS

Peut-on prévoir l'avenir?

하늘을 예언하다
: 신의 권능

_____

     동물 중에는 위험이나 자연재해의 임박 혹은 적의를 감지하는 면에서 인간의 능력을 능가하는 녀석들이 많다. 하지만 미래를 밝히려는 기법을 발달시킨 종은 인간이 유일한 것 같다.

    인류는 적어도 호모 사피엔스가 출현한 20만 년 전부터 며칠 후나 몇천 년 후에 무슨 일이 벌어질지 파악하려고 노력했다. 초기 인류는 자신들이 초자연적인 힘에 의해 좌우되고 조금도 자유롭지 못하며 미래를 알 수 없다고 믿을 수밖에 없었다. 병, 고통, 죽음, 저세상, 비, 추위, 사냥의 결과, 자녀의 출산 등 그들이 미리 알 수 있는 것이라곤 하나도 없었다. 심지어 자녀의 출산이 성관계와 관련 있다는 사실도 한참이나 지난 후에야 알려졌으니 말이다.

초기의 인류사회 중에는 개인이나 인류의 운명이 출생으로 시작해서 죽음을 향해 나아가며 이는 돌이킬 수 없는 것이라고 믿는 곳이 있었다. 또 다른 사회에서는 개인과 인류의 운명이 영원한 생명이라는 형식을 향해 진행된다고 여겼다. 이밖에도 운명은 하나의 삶에서 다른 삶으로, 하나의 우주에서 다른 우주로 순환하고 흐른다고 믿었던 사회도 있었다.

어떤 민족은 한 개인이나 그 주변 사람들의 미래가 자연과 육체, 천체에 새겨져 있기 때문에 그것들을 보면 당사자의 미래를 알 수 있고, 자연과 육체는 우주의 형상을 본뜬 것이라고 여겼다. 또 다른 민족은 지상에서의 미래는 보이지 않는 힘에 달려 있다고 믿었는데, 이 보이지 않는 힘을 신이라 일컫기도 했다. 그들은 영원한 생명은 신이 임의적으로 혹은 윤리적 기준에 따라 부여하거나 박탈하는 것이라고 생각했다. 따라서 자신의 미래를 예언하고, 필요한 경우 그 미래를 바꿔달라고 간청하기 위해 그들은 이 초자연적인 힘과 대화하고자 애썼다. 즉, 초기 인류가 자신의 운명에 영향을 주려고 시도했던 유일한 방법이 바로 기도였던 것이다.

초기 인류는 비, 바람, 적, 병, 탄생과 죽음이 언제 찾아올지 짐작하기 위해, 언제 행동을 취해야 하고 또 언제 행동을 자제해야 하는지 알기 위해 수천 가지 기법을 개발했다. 그중 많은 것들은 오늘날에도 수많은 사람들에 의해 여전히 사용되고 있다.

이 가운데는 누구나 쓸 수 있는 기법이 있는가 하면 샤먼이나 점쟁이, 예언자, 선지자처럼 전문가들의 중개가 필요한 것도 있었다. 이런 전문가들은 신이나 천체와 직접 소통해서 미래에 대한 정보를 얻는 자들로 여겨졌다. 그들은 꿈, 손금, 출생 시 하늘에 보이는 행성의 위치 등과 같은 징후를 해석했고 주사위나 카드처럼 우연이 지배하는 게임의 결과를 풀이하기도 했으며, 이외에도 수많은 기법을 사용했다. 그리하여 이 시기에는 모든 남자와 여자, 아이, 마을, 민족, 인류, 심지어 우주의 운명이 다양한 기법으로 예측되어 기술되었다.

물론 이 시기는 아직 자발적인 '자기 자신 되기'를 논할 때가 아니었다. 당시는 그저 '자기 자신을 예측'한 후, 신에게 기도드리며 예측한 미래를 체념하고 받아들이거나 혹은 신에게 반기를 들면서 반발하넌 때였다.

민족의 미래를
말하다

대부분의 초기 문명에서는 가장 먼저 자기 민족의 역사와 그 민족에게 약속된 미래를 이야기한다. 이러한 이야기를 들여다보면 과거와 미래가 홍수 혹은 화재와 같은 재난을 기점으로 여러 세계로 구분되거나 하나의 세계에서 다른 세계로 이행해가는 내용이 묘사되어 있다. 이때 다음에 찾아오는 세계는 최선일 수도 있고 최악일 수도 있으며, 순환하는 것이거나 혹은 돌이키지 못하는 것일 수도 있다.

힌두교도들은 모든 것은 인간이 행복하고 고결했던 황금시대Satya로부터 시작됐다고 믿는다. 그 후 인간이 여전히 고결하긴 하지만 서로 다투기 시작한 은의 시대Treta가 왔고, 전쟁의 기세가 팽창하고 덕의 기세가 한풀 꺾인 청동시대Dvapara가 이어졌다. 그다음이 바로 현재 우리가 살고 있는 철의 시대Kali다. 이 시기는 인간이 사실상 사악해졌기 때문에 최악의 세계가 도래하여 모든 것이 무無로 돌아가는 때다. 황금시대에서 시작해서 철의 시대에 이르기까지 각 시대가 지속되는 기간은 점점 짧아진다. 마지막으로 철의 시대에 모든 것이 파괴되면 그 폐허 위에서 또다시 새로운 황금시대가 열리고 새로운 순환이 시작된다. 현재 우리가 살고 있는 철의 시대는 기원전 3100년경에 시작되었고 곧 있으면 종료될 것이라고 한다.

힌두교와 마찬가지로 불교에서도 네 시기로 이루어진 순환 사이클에 따라 우주가 탄생하고 소멸하며 부활한다고 본다. 첫 번째 시기Vivartakalpa 동안 우주는 앞선 파멸에서 살아남은 소수의 것을 바탕으로 만들어진다. 이때 빛의 존재인 초기 인류가 탄생하였으나 점차 천상의 모습을 잃으면서 성별이 구별되고 지상에 있는 모든 쾌락을 즐긴다. 현재 우리가 살고 있는 두 번째 시기Vivartasthayikalpa에서 인간은 악해져서 서로 전쟁을 벌이고 그 과정에서 점차 기대수명이 짧아진다. 뒤이어 등장할 세 번째 시기 Samvartakalpa에는 출생이 멈춰버리고 거대한 불길이 전 우주를 파괴할 것이며, 그다음 네 번째로는 무로 이루어진 시기Samvartasthayikalpa가 이어진다. 이렇게 해서 하나의 사이클이 다 돌아가면 또다시 순환이 시작된다.

이집트인들도 인간이 무에서 태어나 무로 돌아간다고 생각했다. 고대 이집트의 가장 중요한 신화 중 하나인 헬리오폴리스 신화에 따르면, 아툼(이집트 신화에 나오는 창조의 신이자 태양의 신. 아침에는 케프리, 낮에는 라, 저녁에는 아툼이라고 불림 – 옮긴이)은 눈Noun(태초의 바다)에서 만들어져 태어났다. 이후 아툼은 다른 이집트 신들을 탄생시켰는데 그들이 서로 싸우는 것이 아닌가. 그 광경을 목격한 아툼이 눈물을 흘리자 이 눈물에서 인간이 탄생했다고 한다.

인간은 애초에 불멸의 존재였고 선하지도 악하지도 않았다. 그랬던 인간이 신의를 저버리고 신들에게 반기를 들자 아툼은 분노하여 인간을 파멸시키기로 마음먹는다. '사자의 서'(고대 이집트에서 미라와 함께 무덤에 묻은 두루마리로, 죽은 자들을 위한 지하세계의 안내서다. 여러 기도문과 주문, 신에 대한 서약과 함께 죽은 자를 심판하는 내용이 담겨 있다 – 옮긴이)

에 따르면 아툼은 "나는 내가 창조한 모든 것을 파괴하리라. 이 나라는 다시 태초와 마찬가지로 눈Noun의 상태로 돌아가리라."라고 한다. 또 다른 이야기를 보면, 태양의 신라가 인간의 행동에 화가 나서 여신 세크메트(불, 전쟁, 복수, 치료, 약물의 신으로 사자머리를 하고 태양의 원반을 머리에 쓴 모습을 하고 있다 - 옮긴이)를 보내어 인간을 파멸시키려 한다. 하지만 라는 ㄱ 후 생각을 바꾸어 세크메트를 술에 취하게 만듦으로써 자신의 명령을 수행하지 못하게 막는다. 결국 세크메트는 인간으로 하여금 죽음을 면하지 못하게 하는 힘만 갖게 된다.

아나사지(시베리아에서 건너온 초기 북아메리카 민족으로, 이후 이 지역에서 발생한 대부분의 우주생성이론에 영감을 주었다) 문명에서도 인류는 뒤바꿀 수 없는 하나의 방향으로 여러 세상을 연속해서 거쳐 간다고 믿었다. 여타 우주생성이론과 마찬가지로 그들에 따르면, 인간들은 원래 행복하게 살았지만 각각의 세상에서 매번 죄를 지은 탓에 결국 신들은 인간이 소멸해버리도록 내버려두었다(다만 아직 사악해지지 않은 몇몇 인간은 다음 세상으로 데리고 갔다). 첫 번째 세상 Tokpela은 불로, 두 번째 세상Tokpa은 얼음으로, 세 번째 세상

Kuskurza은 홍수로 파멸했다. 현재 우리는 마지막 세상인 네 번째 세상을 살고 있다고 한다. 이와 동일한 우주생성이론은 호피족이나 마야문명, 잉카문명, 그리고 다른 아메리카 민족에게서도 찾아볼 수 있다.

헤시오도스의 작품『노동과 나날』에서 알 수 있듯, 고대 그리스에서는 인류의 역사가 지금까지 최악을 향해 돌이킬 수 없는 방향으로 다섯 시대를 지나왔다고 말한다. 크로노스가 다스렸던 첫 번째 시대는 인류의 황금시대로, 슬픔도 고통도 욕구도 없었으며 심지어 죽을 때도 잠들 듯 고통 없이 죽었다. 헤시오도스는 "(인간은) 신처럼 근심도 피로도 모른 채 살았다. 잔인한 노화도 인간을 괴롭히지 않았다. 인간은 향연의 한가운데서 즐겼고, (…) 비옥한 대지가 풍요로운 보물을 스스로 생산했다."라고 노래한다.

그런데 제우스가 아버지 크로노스를 꺾고 권력을 장악하자 황금시대의 뒤를 이어 은의 시대가 등장했다. 그러자 자만(휴브리스)에 빠진 인류는 서로에게 수없이 많은 고통을 주었다. 게다가 프로메테우스가 불을 가져다주자 인간은 점차 신을 숭배하는 의식에서 멀어졌다. 인간의 이런 행동은 제우스를 비롯한 올림포스 신들의 심기를 건드렸다. "인간은 거주지가 있는 자들의 법에 따라, 지복祉福을 누리는 자들의 제난에 제물을 바치거나 신을 숭배하는 의식을 거부했다."

이 시기의 뒤를 이어 인간이 서로를 죽이는 청동시대가 도래했다("인간들의 힘은 물리칠 수 없었고 그들의 팔은 꺾을 수 없었다"). 그 후 이어진 네 번째 시대는 영웅시대였다. 영웅들은 정의롭고 용맹했지만 트로이 전쟁 같은 동족상잔의 전쟁에서 거의 모두가 목숨을 잃었다. 이 시기만 해도 인간은 여전히 신과 직접적으로 상호작용했다. 어떤 영웅들은 영원히 사라지지 않고 크로노스가 통치하는, 지복을 누리는 자들의 섬에 살면서 원래의 황금시대를 누렸지만 나머지 인간들은 사라져버렸다.

마지막 시대는 바로 철의 시대다. 헤시오도스는 자신이 이 시대를 살아야 한다는 사실에 불만을 표했다. 힘든 노동과 근심으로 점철된 시대이기 때문이다. 이 시기에는 "맹세도, 정의도, 미덕도 지켜지지 않는다." 그나마 최소한 위로가 될 만한 것이 어느 정도는 남아 있지만, 제우스가 이 시대에 종지부를 찍고 신들로부터 버림받은 인류가 자신들이 소중히 여기던 가치를 망각하여 약육강식의 법칙만 따르면 이마저도 완전히 사라져버릴 것이다.

유대교 전통에서도 변화는 불가역적이다. 우주, 생명, 인간이 거의 동시에 탄생한 이후 메시아의 시대가 올 때까지는 행복과 대홍수, 죄와 회개, 큰 기쁨과 큰 불행으로 점철된 역사를 거치며 변화가 진행된다. 메시아의 시대는 '시간의 연속a'harit hayamim'을 이루는 여러 단계를 거친 후 히브리력으로 7000년에 시작된다.

고대 유대교의 최고 의결기관이었던 산헤드린에 따르면 시간의 연속은 열악한 기후조건, 기아, 전쟁 같은 극심한 고통Hevlei Hamashia'h의 시기로 시작된다고 한다. 이때 인류는 근본적인 가치를 일부 포기한다. "젊은이가 노인을 모욕하고" "딸이 어머니에게 반항하며" "아들이 아버지 앞에서도 기가 죽지 않는다." 유대교 문헌에 따르면 바로 이 시기에 "정부는 이교도에 빠질 것이며" "죄에 대한 두려움이 멸시받고 진리가 뒤로 물러날" 텐데 바로 그때 메시아가 세상에 나타난다고 말한다. 하지만 어떤 모습으로 그가 올지는 아무도 모르며 반드시 인간의 형상을 하고 있으리라는 보장도 없다. 메시아는 "가난한 자들을 공정하게 심판하며 그의 입김으로 악인을 죽게 만든다." 죽은 자들은 다시 태어나 심판의 날에 신 앞에 이를 것이다. 「이사야서」는 이 심판의 날에 대해 "잔인한 날, 분노와 불같은 격분의 날이 되리라. 그날 이 땅은 적막해질 것이며 죄인들은 전멸하리라."라고 말한다. 그런 다음 신이 어디에나 존재하고 과거와 현재, 미래라는 개념이 의미를 상실하는 '새로운' 세상, 올람하바(그리스도교의 천국처럼 의로운 사람의 후생이 펼쳐지는 곳 – 옮긴이)가 도래한다고 이야기한다.

개인의
미래를 해독하다

초기 인류는 개인의 미래를 해독하기 위해 수천 가지 기법을 개발했다. 그들은 가장 먼저 인간과 자연의 관계를 토대로 한 기법을 만들었다. 그들은 인간과 자연의 관계가 조화를 이룰수록 인간 개개인의 운명은 순조롭게 흘러간다고 믿었기 때문에 개인의 운명을 알려면 자연을 들여다봐야 했다. 예를 들어 부탄에서는 새해를 점치기 위해 신년이 시작되기 며칠 전에 집 앞에 씨앗을 심고 새해 첫날이 되면 돋아난 새싹의 상태를 살피는데, 싹이 시들시들하면 한 해가 힘들다고, 그와 반대로 싱싱하면 새해에 복을 많이 받는다고 믿는다. 아프리카 서부 세네갈의 카자망스강 유역에서는 언제 어디로 사냥을 나가야 할지 알기 위해 물을 한 사발 떠서 특정 나뭇잎으로 물 위를 쓸어낸 다음 남은 흔적을 해석하기도 한다.

이렇듯 자연과의 관계를 바탕으로 한 예측 기법을 사용하던 인류는 이후 더욱 특수한 방법들을 개발했다. 주로 개인의 외모나 천체 관찰과 관련된 이런 방법들은 지금도 전 세계적으로 사용되고 있다.

수상술

손금으로 사람의 운명을 점치는 수상술手相術은 개개인의 미래가 각자의 손바닥 안에 온전히 기록되어 있다는 생각을 토대로 한다. 이에 따르면 왼손의 손금은 각 개인의 잠재력을 나타내고, 오른손의 손금은 그 잠재력으로 성취하는 바를 보여준다. 손금을 보는 것은 많은 문화권에서 찾아볼 수 있는 아주 오래된 행위다. 이런 사실을 보여주듯 유럽에서는 손바닥 그림이 그려진 동굴벽화가 발견된 경우들이 있다. 일반적으로는 손을 벽에 대고 그 주변을 어둡게 채색한 음형의 손바닥 스텐실이 많고, 이와 반대로 손바닥에 염료를 묻혀서 벽에 찍은 양형 그림도 일부 찾아볼 수 있다. 프랑스 남서부 오트피레네주의 가르가스 동굴에는 200여 개의 손바닥 그림이 있고, 스페인 북부 엘 카스티요 동굴에서는 80여 개의 손바닥 그림이 발견되었는데 그중 하나는 4만 년 가까이 된 것으로 추정된다(따라서 네안데르탈인의 작품인 것으로 짐작된다). 프랑스 마르세유 근처에 있는 코스케 동굴 안에서도 2만 년 정도 된 손바닥 그림들이 발견되었다.

기원전 15세기 이전에 기록된 고대 인도의 종교·철학 문헌인 베다에서도 수상술을 하나의 예언 기법으로 언급하고 있다. 티베트, 중국, 이집트, 페르시아에서도 마찬가지다. 이에 비해 성경에서 손금을 명시적으로 언급한 경우는 「욥기」가 유일하다. 그런데 「욥기」는 히브리어로 쓰인 글이 아니기 때문에 이로 미루어 짐작해보면 성경에서는 손금을 보는 행위를 인정하지 않았던 것으로 해석할 수 있다. "하느님은 모든 이의 손에 표징을 남기셨으므로 이것을 보면 각자 자신의 사역을 알 수 있다."(「욥기」 37장 7절) 유대교의 경우 탈무드를 보면 수상술이 금지되어 있는 것을 알 수 있는데, 앞으로도 살펴보겠지만 탈무드에서는 수상술 외에도 미래를 예언하는 기법은 모두 금한다. 미래를 예언한다면 자유의 존재 자체를 부정하는 일이 되기 때문이다.

그 후 손금에 대한 언급이 다시 등장한 것은 고대 그리스에서였다. 특히 플라톤은 수상술의 원칙을 인정했던 것으로 보인다. 아리스토텔레스의 기록에 "사람의 손바닥에 새겨진 손금은 괜히 있는 것이 아니다. 손금은 하늘이 사람의 운명에 미치는 영향을 나타내는 것"이라고 적혀 있기 때문이다. 뒤이어 고대 그리스의 의학자인 갈레노스(2세기경 고대 그리스의 의학 체계를 확립한 것으로 유명한 의학자이자 철학자 – 옮긴이)와 천문학자 프톨레마이오스(2세기 알렉산드리아에서 활동한 그리스의 천문학자로 천동설의 완성자로 불림 – 옮긴이)도 손금에 대해 언급한다. 고대 로마에서는 아우구스투스 황제가 중요한 결정을 내려야 할 때마다 손금을 읽었던 것으로 알려져 있다.

수상술은 아리스토텔레스의 사상이 전승된 아랍 세계로도 전파되었다. 9세기, 아부 바크르 알 라지(페르시아 출신의 의학자이자 철학자, 천문학자로 200여 권의 저서를 남겼으며 특히 아랍 의학의 토대가 되는 저작을 남겼음 – 옮긴이)는 그의 저서『손금에 대한 이해』에서 수상술을 집대성했다. 아비세나(10세기 페르시아의 철학자이자 의학자. 이븐 시나라고도 불린다. 아리스토텔레스의 철학으로 이슬람 신앙을 해석했고 후에는 중세 유럽의 토마스 아퀴나스에게 영향을 끼쳤다 – 옮긴이)와 아베로에스(12세기 아랍의 통치권에 있던 스페인 남부 출신의 철학자. 아리스토텔레스 철학의 계승자로 알려져 있다 – 옮긴이)는 수상술을 의학의 한 형태로 보았다. 그 후 유럽에서는 많은 아랍 학자들로부터 영감을 받아 수상술에 관한 초기 문헌들이 발표되었다. 1159년에 간행된 존 솔즈베리(솔즈베리의 요한이라고도 불림. 12세기 중세 영국의 철학자이자 성직자 – 옮긴이)의 저서『폴리크라티쿠스』는 국왕과 백성의 관계를 다루는 정치윤리 철학서인데, 이 책에도 수상술이 언급되어 있다. 이에 따르면 12세기에 캔터베리 대주교였던 토마스 베케트가 웨일즈 북부 원정을 준비하기 위해 손금쟁이의 의견을 들었던 것으로 보인다.

유럽 최초로 손금이 나타내는 의미를 다룬 책은 1475년에 출간된 독일의 요한 호르틀리히의 저서인『수상술』이다. 16세기가 되자, 바르톨로메오 코클레스('바르톨로메오 델라 로카'로도 불림. 15세기 이탈리아 볼로냐 출신으로 수상술, 관상학, 천문학에 정통한 학자 – 옮긴이)는 1504년에 발표한 『관상학과 수상술 개요서』에서 수상술과 (얼굴 모양을 바탕으로 미래를 예측하는) 관상학을 접목시켰다. 1522년에는 16세기 독일의 천문학자 요하네스 인다기니스가 『사람의 사지에 대한 관상학과 수상술』을 발표했고, 1619년에는 장 벨로가 『관상과 손금의 과학을 배우기 위한 친숙하고 쉬운 입문서』를 출판했다.

　수상술은 여러 국왕에 의해 금지되었다. 영국의 헨리 13세는 사람들을 속인다는 죄목으로 손금쟁이들에게 중형을 내리고 더 나아가 이들을 사형에 처하기까지 했다. 그가 내린 칙령은 2세기가 지나서야 조지 3세에 의해 폐지되었다. 그 후 계몽주의자들은 손금을 읽어 앞날을 점치는 행위를 맹공격했다. 1791년, 나폴레옹 군대의 장교였던 카시미르 스타니슬라스 다르판티니는 그의 저서 『손의 과학』에서 점성술과 수상술을 접목하여 여러 행성을 손의 각 부분과 연결시켰다. 가령 태양은 약지의 아랫부분에 해당하고, 목성은 인지의 아랫부분, 금성은 엄지의 아랫부분에 해당한다는 식이었다.

　19세기 말이 되자 유럽 사교계는 다시 수상술을 진지하게 받아들인다. 마담 프라야라는 프랑스의 유명한 예언가는 러시아의 귀족 펠릭스 유스포프 대공의 손금을 본 후 그가 "자신의 손으로 직접 누군가를 암살하리라."라는 예언을 한다. 실제로 1916년 그는 제정러시아 말기의 성직자였던 그리고리 라스푸틴을 살해했다. 한편, 아들 알렉상드르 뒤마는 자신의 소설에 안느 빅투아르 사비니라는 이름의 유명한 손금쟁이를 모델로 삼은 인물을 등장시키기도 했다. 이 손금쟁이는 불랑제 장군(프랑스 제3공화정 당시 대중적인 지지를 바탕으로 정권을 잡기 위해 쿠데타 계획을 세웠으나 실패했다 – 옮긴이)의 죽음과 프랑스 작가 카튈 망데스의 죽음을 예견하여 명성을 얻은 인물이었다. 그녀는 점성술에 세계 위인의 손금을 분석한 내용을 접목하여 매년 예언을 발표했다. 특히 제1차 세계대전의 발발, 그리고 영국의 앞날에는 영광스러운 미래가 기다리고 있는 반면 러시아는 참전의 대가를 크게 지불할 것이라 점쳤다. 「뉴욕타임스」 역시 그녀의 1915년 예언을 보도하기도 했다. 이 예언에서 그녀는 미국이 금융위기와 지진으로 큰 타격을 받을 것이라 내다보았는데, 실제로 그해 10월 3일 네바다에서 큰 지진이 발생했다. 1938년에는 요제프 라날드 박사가 출판한 책『손을 보고 사람을 파악하는 법』이 엄청난 성공을 거두었다. 루스벨트 대통령과 히틀러, 무솔리니의 손금을 연구했던 그는 히틀러에 대해 이렇게 설명했다. "그의 생명선은 짧으며, 그 형태를 보면 욕구불만과 가혹함, 잔혹함이 드러난다. 운명선은 비극으로 시작해서 폭력으로 끝난다." 오늘날에도 전 세계적으로 수백만 명이 손금을 보고 있다.

점성술

수상술 못지않게 점성술도 유구한 역사를 지니고 있다. 점성술은 천체의 위치와 더불어 조수潮水 등 지상에서 일어나는 현상 및 인간의 행동 사이의 관계를 따지는데, 이들의 관계는 반박하기 어려울 정도로 밀접한 연관성을 보인다. 점성술에서는 개개인의 미래가 천체에 기록되어 있으며, 출생한 바로 그 시각의 여러 행성들의 위치를 보면 개인의 미래를 통째로 알 수 있다고 본다. 여기서 같은 시각에 태어난 두 사람의 운명이 다르다는 반론이 있을 수 있는데, 점성술사들은 이를 불식시키기 위해 천체의 영향력을 믿는 점성술에 환생에 대한 믿음을 결합시킨다. 이렇게 하면 쌍둥이가 실제로 똑같은 천체를 공유하더라도 서로 운명이 달라지는 것을 설명할 수 있다.

천체가 인간의 행동에 미치는 영향을 다루는 점성술 안에는 칼데아(기원전 7세기경 바빌로니아 남부에 건립된 신바빌로니아 제국으로, 성직자 계급에 의해 점성술이 크게 발달했음 – 옮긴이) 점성술, 인도 점성술, 중국 점성술이라는 세 가지 개념이 서로 대립되어 있다.

칼데아 점성술(공간의 점성술)에 따르면, 지구에서 바라본 태양의 궤도는 1년 동안 황도대를 지난다. 황도대는 같은 길이의 열두 개 구간으로 나뉘며 각 구간은 태양이 지나는 별자리에 따라 이름이 붙여지는데, 이 별자리를 황도 12궁이라고 한다. 개개인은 출생하는 순간 황도대 안에서 행성들이 자리 잡은 위치에 따라 운명이 결정된다. 기원전 3000년 메소포타미아에서는 개인의 운명을 점치려는 목적으로 천체의 운동을 점토판 위에 기록하기 시작했다. 현재 알려져 있는 것 중 12별자리로 분류되어 있는 최초의 천체판은 기원전 522년에 만들어진 것이다. 그 후 기원전 419년이 되자 12별자리를 참조해서 최초의 천궁

도가 만들어졌고, 이어 기원전 410년에 인류 최초의 점성술이 바빌론에서 등장했다. 하지만 오늘날에는 세차운동(지구의 자전축이 서쪽으로 조금씩 이동하는 결과 지구에서 관측된 하늘에 보이는 별의 위치가 해마다 조금씩 달라지는 현상 – 옮긴이)으로 인해 황도 12궁의 달들이 처음 그 이름이 붙여졌을 때 지났던 별자리와 일치하지 않는다. 별자리를 항성에 기반하여 정의하는 '항성' 황도대는 별자리의 실제 위치를 고려한 것인 반면, 현대 서양 점성술에서 사용하는 '회귀' 황도대는 춘분점을 기준으로 별자리를 정의하며 원래의 12별자리 분류법을 유지하고 있다.

힌두교 전통에서는 행성을 신성시했으며 행성이 개개인의 (현생이 아닌) 다음 생을 결정짓는 업karma에 영향을 미친다고 여겼다. 인도의 황도대는 라시라고 하는 12별자리로 나뉘고, 이것이 다시 28개의 나크샤트라(기원전 13세기 무렵부터 인도에서 사용한 28개의 별자리 – 옮긴이)와 아홉 개의 그라하(행성)으로 나뉜다. 인도 문화에서는 점성술이 오늘날에도 여전히 중요한 부분을 차지하고 있다. 일례로 2011년 봄베이 고등법원에서는 점성술을 과학으로 간주한 판결을 내린 바 있음은 물론, 대학교에서도 점성술을 가르치고 있으며 일부 점성술 연구 프로젝트는 정부의 재정지원을 받기도 한다. 특히 바라나시에 있는 바나라스 힌두 대학교에서는 주문呪文이나 보석 같은 '점성술 치료제'의 치료효과를 계량하는 연구를 진행하고 있다.

마지막으로, 중국 점성술(시간의 점성술)은 목성과 토성이 나머지 행성을 다스리며 인간의 운명을 결정한다고 본다. 목성과 토성은 60년을 주기로 하여 일렬로 나란히 위치하는데, 이 60년 주기는 10단위의 사이클 여섯 개와 12단위의 사이클 다섯 개로 나뉜다. 10단위 사이클의 각 단위는 '천상의 기둥'을 이루며, 12단위 사이클의 각 단위는 '지상의 잔가지'를 이룬다(천상의 기둥은 십간, 지상의 잔가지는 십이지를 가리킨다 – 옮긴이). 2세기에는 이 열두 개의 잔가지에 석가모니가 지상을 떠나 열반할 때 그의 부름에 응답했던 열두 마리 동물의 이름이 붙여졌다. 중국에서는 음양이라는 두 가지 '힘'과 오행이라는 '다섯 가지 요소(불, 물, 나무, 금속, 땅)'가 세계를 이룬다고 보았다. 그래서 천상의 기둥은 각기 하나의 힘과 하나의 요소와 짝을 이루고 있는데, 예를 들어 첫 번째 기둥은 '양목陽木'인 식이다. 이렇게 해서 모두 60개의 시간 단위(60갑자)는 각기 하나의 동물과 하나의 힘, 하나의 요소로 특징지어진다. 60을 바탕으로 하는 이 시스템은 각각의 시간 단계(연, 월, 일, 시)마다 적용되어, 각 개인은 사주四柱를 지니게 된다. 생년월일시를 바탕으로 하는 사주는 각각 개인의 인성을 나타내는데 연은 전반적인 태도를, 월은 감정적인 부분을, 일은 이성적인 면, 시는 깊은 내면을 보여준다고 한다.

티베트 점성술은 중국과 인도의 점성술을 섞어놓은 것으로 볼 수 있다(중국 점성술은 티베트 왕조의 설립자인 송첸감포가 통치했던 7세기에 티베트에 소개되었으며, 인도 점성술은 11세기에 도입되었다). 1696년, 5대 달라이라마는 점성술과 의학을 가르치는 교육기관인 착포리 연구소를 설립했다. 당시만해도 점성술과 의학은 별개의 것으로 구별되지 않았다. 오늘날에도 티베트에는 수많은 의학과 점성술 연구소가 존재하는데, 그중 달라이라마 연구소는 1961년에 인도 다람살라(인도 북서부 히마찰프라데시 주 서쪽에 위치한 도시로 1959년부터 티베트 망명정부가 들어서 있다 - 옮긴이)에 다시 설립되었다. 티베트 점성술이 주조를 이루는 부탄에서는 하나의 별자리 동물(목성의 12년 주기를 상징하는 열두 동물 중 하나)과 하나의 요소(물, 불, 나무, 금속, 땅 중 하나)를 조합한 것을 기본으로 한다. 이에 따라 매년 하나의 동물과 하나의 요소가 짝을 이룬 이름을 새해에 붙인다. 또한 사람들 사이의 상호관계를 판단할 때에도 그들이 타고난 별자리의 동물과 요소의 조합을 바탕으로 그 결과를 추론해낸다. 예를 들면, 물은 불을 끄기 때문에 각기 불과 물의 성향을 지닌 두 사람이 결혼하면 화목할 수 없다고 보는 식이다. 점성술을 석학들이 연구하는 과학으로 여기는 부탄에는 국립 점성학교까지 설립되어 있고, 부탄을 세운 나왕 남걀을 모신 팡그리 잠파 사원에서는 100명이 넘는 승려들이 점성술을 공부하고 있다. 부탄 사람들은 모두 어떤 결정을 내릴 때마다 각자 좋아하는 점성가를 찾아가 조언을 듣는다. 부탄에서 가장 오래된 수도원 중에는 그 수도원의 점성술을 보급하기 위해 최근에 애플리케이션(일례로 드루크 자카르)을 개발하여 애플스토어에 내놓은 곳도 있다.

고대 그리스에서는 점성술이 매우 성행했다. 플라톤은 천체를 '신성하고 영원하며 살아 있는' 존재이자 '눈으로 볼 수 있는 신'으로 여겼다. 아리스토텔레스의 철학은 인간과 우주의 관계를 중심으로 전개되었다. 그는 점성술과 천문학, 의학을 뒤섞어 수많은 글을 남겼다. 또한 히포크

라테스는 점성술을 의학의 원천으로 보기도 했다.

고대 그리스의 전문학자 히파르코스의 후계자였던 프톨레마이오스가 알렉산드리아에서 140년에 지은 『테트라비블로스』는 서양 점성학을 집대성한 최초의 문헌으로 알려져 있다. 이 책은 객관적 현실을 파악하고 자유의 공간을 보존하고자 더 이상 그리스 신들을 참조하지 않았다. "천체는 영향을 미치지만 강요하지는 않는다."

그리스도 교회는 처음 설립될 때부터 점성술과 대립했다. 하지만 그 목적은 (미래를 피할 수 없는 것이라고 하면서 미래를 예언하던 기법을 모두 반대했던 유대교처럼) 개인의 자유를 옹호하기 위함이 아니라 운명의 징후를 해석하는 일을 독점하기 위해서였다. 364년에 열린 라오디게이아 공의회는 성직자들이 점성술을 행하는 것을 금했다. 더 나아가 그다음 세기에 개최된 톨레도 공의회에서는 "점성학이나 점술을 믿어야 한다고 생각하는 자"를 파문했다.

이슬람교는 미래가 전적으로 미리 정해져 있지만 사람들은 이를 알지 못한다는 생각을 바탕으로 하고 있다. 이에 따르면 사람들이 행동을 통해 이룰 수 있는 일이라고는 미래를 드러내는 정도에 불과하다. 850년경 바그다드에서 아리스토텔레스의 사상을 번역했던 알킨디(796~866, 이슬람의 신학자, 철학자, 과학자로 아리스토텔레스를 연구하여 그리스 철학을 이슬람에 도입하여 이슬람 철학의 기틀을 마련했음 - 옮긴이)는 천문학과 점성학을 구별하지 않았고, 바그다드에서 활동했던 그의 제자 알부마사르(원래 이름은 아부 마샤르로, 점성학 연구에 열중하고 많은 저서를 남겼음 - 옮긴이) 역시 그의 사상을 담은 책을 통해 이러한 생각을 널리 전파했다. 이 책은 'Liber magnarum coniunctionum(통합대전統合大典)'이라는 라틴어 제목의 책으로 번역되어 이슬람 통치하의 유럽에 점성학을 다시 도입하는 역할을 했다. 8세기 아랍-이슬람식의 황도 12궁에는 열두 개의 별자리와 일곱 개의 행성이 있었다.

그리스도 교회가 점성술을 금기시했지만 대성大聖 알베르토(중세 철학자이자 신학자, 박물학자로 아리스토텔레스 철학을 라틴 유럽에 소개했으며 그의 제자 토마스 아퀴나스와 함께 스콜라철학을 완성한 것으로 평가받았음 - 옮긴이) 같은 박식한 학자들은 몰래 점성학을 연구했다. 반면, 7세기에 유대민족 공동체의 문헌 해석에 막대한 영향력을 지녔던 마이모니데스(스페인 출신의 유대교 최대 신학자이자 철학자. 유대교에 아리스토텔레스 철학을 도입하고 유럽의 스콜라 철학에 영향을 끼쳤음 – 옮긴이)에 따르면 탈무드는 점성술을 금지한 깃으로 확인되었다. 그는 이 문제에 의문을 제기하던 모든 유대 공동체에 이 사실을 알렸으며, 특히『프로방스의 유대인들에게 보내는 편지』와『예멘에 있는 유대인들에게 보내는 서한』을 통해 이를 널리 퍼프렸다.

　구왕이 점성술을 믿었던 유럽 국가들은 심지어 '왕실 점성가'를 임명하기도 했다. 프랑스의 샤를 5세는 점성술을 교육하는 기관인 점성술 학교를 설립했으며, 루이 11세도 이곳을 이용했다. 프랑스 왕비가 된 교황의 조카 카트린 데 메디치는 프로방스 지방의 유명한 점술가인 노스트라다무스를 궁중으로 불러 세 아들의 별점을 보게 했다. 1555년, 노스트라다무스는 프랑스어, 그리스어, 라틴어, 프로방스어를 혼용해서 지은 '예언적' 성격의 4행시 353편을 담은 모음집을 발표했다. 그는 이 4행시 중 제35편에 실린 예언, 즉 카트린 왕비의 남편 앙리 2세가 4년 후 마상시합에서 죽을 것이라는 암묵적인 예언이 알려지면서 유명해졌다. "젊은 사자가 늙은 사자를 물리치리라 / 특이한 결투가 벌어지는 경기장에서 / 황금투구로 머리를 보호하지만 눈을 뚫어버리리라 / 두 번의 싸움 후, 마지막 마상시합이 벌어지고, 그는 잔인하게 죽으리라." 그날, 그의 예언대로 시합에 나선 양측 모두가 몸에 사자 휘장을 둘렀다. 왕은 황금투구를 썼지만 창이 눈을 관통했고 그는 고통 속에 열흘을 보내다 죽었다.

그 후 지동설이 발견되자 사람들은 예전에 비해 행성의 역할을 중요시하지 않았고 점성학과 천문학을 더욱 분명하게 구분했다. 그럼에도 갈릴레오는 여전히 행성의 운행이 개개인의 인성에 영향을 미친다고 믿었고 1610년에는 케플러 역시 점성학을 옹호하는 입장을 고수했다. "나는 어떤 것이 불완전하다고 해서 이것을 완전히 내버리는 일은 신중하지 못하다고 여러 번 말했다. 이런 방식이라면 의료 과학조차도 예외가 되지 않는다. (…) 천체의 움직임을 예언하는 방법으로 (일반적인 성격의) 사건들을 예언하는 경우는 얼마 되지 않지만 모두 우리의 경험에 바탕을 둔 것이다." 프랑스에서는 17세기에도 점성술이 여전히 성행했다. '공정왕' 루이 13세는 자신이 천칭자리에서 태어났다는 핑계로 참모 중에 '왕실 점성가'를 두기도 했다.

이후 콜베르(프랑스 루이 14세 시대의 중상주의를 대표하는 정치가 - 옮긴이)는 예수회의 압력을 받고 1666년에 점성술 교육을 금지시켰으며 왕실 점성가라는 직책도 폐지했다. 이는 영국이 점성술을 금지한 것보다 한 세기 앞선 일이었다.

점성술은 그리스도 교회가 축출한 다른 점술법과 마찬가지로 치욕의 길로 접어들게 되었다. 1682년에 반포된 루이 14세의 칙령에 따르면 "앞날을 점치는 데 합류하고 자칭 점쟁이라고 하는 사람들은 모두 지체 없이 왕국을 떠나야" 했다. 그런데 이후로도 이 칙령이 끊임없이 반복해서 반포되었던 사실로 미루어 짐작해보면, 다른 영역과 마찬가지로 점술 역시 나라에서 금지시킨다고 해서 제대로 금지되지는 않고 여전히 성행했던 것으로 보인다. 1710년 아이작 뉴턴도 천체와 인간 운명의 흐름 사이에 연관이 있다고 보았다. 케플러의 주장을 계승한 볼테르는 1767년 자신의 저서 『관용론』에서 "천문학과 점성술의 관계는 종교와 미신의 관계, 매우 현명한 어머니와 매우 광적인 딸의 관계와 같다."라고 했다.

그 후 계몽주의자들은 점성술이야말로 고대의 반계몽주의의 한 사례라고 지적하며 맹비난했다. 더 나아가 프랑스 혁명기에는 모든 형태의 점술 행위에 대해 더욱 엄격한 잣

대가 적용되었다. 1820년, 형법에서는 "점을 치고 미래를 예측하거나 몽상을 풀이하는 일을 하는 자들"에게 벌금형을 구형했다(시행령 34조 7항). 따라서 19세기에는 점성술이 거의 실행되지 않았던 것으로 보인다.

20세기가 되자 이번에는 통계적인 방법으로 점성술의 유효성을 입증하려는 노력이 일어났다. 1955년, 소르본 대학교에서 심리학을 전공한 미셸 고클랭은 개인의 출생 시 화성의 위치와 그의 직업 수행능력 사이에 존재하는 상관관계를 입증했다고 발표했다. 고클랭의 주장에 따르면 화성의 위치는 스포츠인의 운명을 말해주고, 목성의 위치는 배우의 운명을, 토성의 위치는 과학 분야 종사자의 운명을 가리킨다고 한다. 하지만 새로운 표본을 가지고 그의 실험기록을 테스트한 결과, 최종적으로는 신뢰할 수 없다는 판정이 내려졌다.

그럼에도 점성술에 대한 믿음은 여전하다. 2005년 갤럽에서 실시한 여론조사 결과를 보면 미국, 영국, 캐나다인의 25퍼센트가 여전히 점성술을 믿거나, 아니면 최소한 행성과 별의 위치가 인간 개개인의 인생에 영향을 준다고 생각하는 것으로 나타났다.

미래의 베일을
벗기는 기법들

앞서 살펴본 것처럼 민족이나 개인의 미래를 전체적으로 예측하려는 야심 찬 접근방법이 있었는가 하면, 이와는 달리 미래의 일부분만을 예언하고 중요한 시점의 베일만 벗기려는 예측 기법도 있었다. 이런 기법은 사람들이 신의 계시라고 여기는 말씀을 해석하는 데 주력했으며, 계시의 말씀은 주로 꿈이나 우연을 통해 표현되었다.

신의 계시

어떤 사람들은 자신이 살아갈 날들이나 죽은 뒤에 일어날 일들을 모두 알고 싶어 하기보다는 미래의 특정한 구체적 상황에 대한 답만 얻고 싶어 하기도 한다. 아주 오래전부터 이런 경우에는 신의 계시라고 생각되는 말씀을 해석하는 것이 가장 기본이었다. 일반적으로 신의 말씀은 예언가나 주술사와 같은 특별한 사람들이 음악이나 춤, 마약 같은 자기초월기법으로 표현했다.

불교에서는 '실지悉地(또는 싯디)'라고 하는 '신통력'을 얻으면 과거와 현재, 미래의 요소를 알 수 있는 능력이 생긴다고 믿는다. 하지만 그렇다고 이런 신통력 자체를 추구해서는 안 된다. 신통력에 집착하면 모든 것에 초연하고자 하는 궁극적 목표를 포기하고 이 능력을 이기적인 목적으로 이용하게 되기 때문이다. 따라서 어느 정도 신통력을 지닐 만큼 정진한 구도자는 자신의 초능력도 연기煙氣 같은 것으로 담담하게 여겨야 한다. 이와 달리 정말 이타적인 동기에서 다른 사람들을 돕기 위해 예지력을 계발하려는 구도자라면 (지혜의 보살인) 문수보살에 관한 불경을 암송하고 이 보살의 모습을 시각적으로 떠올리는 수행방법을 통해 예지력을 얻을 수 있다. 이 신통력은 '최고의 실지' 또는 '깨달음'을 얻을 때 최고조에 이른다. 이 상태가 되면 모든 정신적 수행 단계를 실현할 수 있는데, 이에 도달한 얼마 안 되는 선택받은 특권자는 조금도 가려진 것 없이 생생하게 시점간 현실(다양한 시점에서의 현실, 즉 과거, 현재, 미래의 실제 상태 - 옮긴이)을 볼 수 있게 된다.

유대 세계에서는 몇몇 남성이나 여성, 즉 예언자(히브리어로 나비nabi라고 하는 이 단어는 그리스어로 옮기는 과정에서 '예언자'라는 의미로 부적절하게 번역되었다. 사실 이 단어의 원래 뜻은 '비어 있다'다. 미래를 예측하려면 머릿속을 비우고 선입견 없는 상태가 되어야 하기 때문이다)들이 하느님으로부터 메시아의 시대가 장차 도래하리라는 계시를 받았다(그런데 메시아의 시대가 오면 시간 자체가 사라져버린다). 따라서 예언자들은 대부분 인간에게 속해 있는 미래가 아니라 역사의 종말을 선포했다. 그런데 극히 드문 경우지만 현세의 미래를 명시적으로 예측한 예언자가 있었으니 바로 예언자 예레미야다. 그는 유대민족에게 큰 불행이 닥칠 것이라고 예언했는데, 이 사실을 알린 까닭은 노력을 통해 그 불행을 피하기 위해서였다. 기원전 7세기에 활약했던 예레미야의 예언에 따르면, 유다 왕국은 이집트와 동맹을 맺고 바빌론과 대립각을 세우면 파멸할 것이며 70년이 지나서 바빌론이 붕괴된 후에야 다시 일어난다고 했다. 따라서 그는 유다의 왕 요시야에게 바빌론에 항복할 것을 권고했다. 즉, 자신의 예언이 오히려 현실화되지 않도록 여건을 조성하고자 했던 것이다. 하지만 그의 이런 노력도 아무 소용이 없었다. 요시야 왕은 이집트와 동맹을 맺고 바빌론에 선전포고를 한 다음 살해되었고, 이스라엘은 함락되고 예레미야는 감옥에 갇히고 말았다.

바빌론의 왕 네부카드네자르는 일부 유대민족을 유배시켰는데 그중 한 사람이 훗날 예언자 에제키엘이 되었다. 에제키엘은 바빌론에 도착한 지 5년이 지나자 하느님의 계시로 보이는 두 가지 꿈을 꾸고 이를 바탕으로 예루살렘 성전이 파괴될 것이라고 예언했고, 5년 후 이 예언은 그대로 이루어졌다. 그 후 그는 한 천사로부터 유대민족이 이스라엘 땅으로 돌아와 새 성전을 건설한다는 예언을 들었다. 그 천사는 새로 지어질 성전의 정확한 규모까지 알려주었다. 에제키엘은 뒤이어 또 다른 예언을 한다. 마곡 땅을 다스리던 횡포한 곡 왕이 예루살렘을 파괴하려 덤비지만 하느님은 이를 물리침으로써 자신이 진정한 하느님이라는 사실을 세상에 증명하리라는 예언이었다. 60년 후 실제로 바빌론이 함락되고 유대민족은 이스라엘로 돌아오게 되었다. 성전도 다시 세워졌지만, 에세기엘의 예언과는 달리 6세기가 지난 후 또다시 무너지고 말았다.

그리스 세계를 살펴보면, 기원전 8세기에서 5세기까지 델포이 신전의 신탁을 전했던 여사제 피티아는 신들의 주요 중재자였다. 미래를 예언하기 위해 사제들은 무지몽매한 여성들 중에서 피티아를 선택했다. 피티아는 신전 안에서 유황 증기가 새어나오는 구멍 위에 삼각대를 놓고 그 위에 앉아서 신탁을 전했다. 자신의 미래 중에서 궁금한 부분이 있는 사람들은 피티아에게 질문을 해야 했다. 신탁을 듣고자 하는 사람들은 일반적으로 권력층인 경우가 많았는데, 그들이 큰 소리로 질문을 하면 사제들이 먼저 이 질문을 단순하게 바꾸어 피티아에게 전달했고 피티아가 이에 대한 답을 말하면 사제들이 다시 이를 통역해서 신탁 신청자에게 전달했다. 이런 식으로 이루어진 피티아의 조언에 따라 스파르타의 왕 리쿠르고스는 스파르타의 헌법 그레이트 레트라를 개정했다. 헤로도토스 역시 총 9권으로 구성된 그의 저서 『역사』 중 제7권 『폴리힘니아』에서 피티아의 예언을 소개했다. 기원전 480년, 스파르타 군대가 페르시아 왕 크세르크세스 1세의 군대와 맞선 테르모필레 전투가 벌어지기 전날, 피티아는 이 전투가 스파르타의 파멸 또는 스파르타 왕의 죽음으로 끝날 것이라 예언했다고 한다("영토가 넓은 스파르타의 시민들이나 당신의 그 유명한 도시가 페르시아 후예의 손에 파괴될 것입니다. 또는 고대 그리스 국가 라세데모니아는 헤라클레스의 피에서 나온 왕의 죽음에 눈물을 흘릴 것입니다"). 실제로 레오니다스 1세는 기원전 480년 8월 11일에 사망했으며, 도시는 살아남았다.

트로이의 왕 프리아모스의 딸 카산드라도 아폴로 신으로부터 예언의 능력을 선물받았지만 그에게 버림받으면서 설득하는 능력을 완전히 잃고 말았다. 카산드라는 트로이에 불길한 일이 생길 것을 내다보고 자신의 동생 파리스가 그리스로 가는 것을 만류한다. 하지만 파리스는 그녀의 말을 믿지 않고 그리스로 떠났고, 스파르타의 왕 메넬라오스의 아내 헬레네를 유혹하여 납치함으로써 소아시아에 트로이 전쟁을 촉발한다. 그 후 그리스 군대가 철수한 뒤의 해변에서는 거대한 목마가 남아 있는 것이 발견된다. 카산드라는 이번에도 트로이군에게 그들을 포위하고 있는 그리스군의 계략을 조심하라고 경고한다. 하지만 트로이군은 그녀의 말을 듣지 않고 그 거대한 목마를 도시 안으로 들여와 자신들의 몰락을 앞당긴다. 트로이가 패한 후 그리스군 총사령관 아가멤논은 카산드라의 목숨을 살려주고 그리스의 미케네로 데리고 간다. 하지만 그 역시 카산드라의 예감에 귀를 기울이지 않더니 자신의 아내 클리타임네스트라와 그녀의 연인 아이기스토스에 의해 암살된다. 그리고 카산드라 또한 이들의 손에 죽임을 당한다.

대부분의 경우 고대 그리스의 신탁을 통한 예언은 설령 알려진다 하더라도 피해갈 수가 없었다. 대를 이을 아들이 없었던 테베의 왕 라이오스는 예언가 테이레시아스로부터 아들을 낳으면 아들이 아버지를 죽이고 자신의 어머니 이오카스테를 아내로 맞이할 것이라는 경고를 듣는다. 이에 따라 이오카스테와 라이오스는 최선을 다해서 조심했지만 아들 오이디푸스를 낳고 만다. 이들은 예언이 이루어지지 않도록 아이를 숲에 내다버리지만 코린토스의 왕이 이 아이를 구한 후 자신의 양자로 삼는다. 훗날 성장한 오이디푸스는 델포이의 신탁을 통해 자신의 운명이 아버지를 죽이고 어머니와 결혼하게 되는 것임을 알게 된다. 그는 코린토스의 왕이 친아버지라 굳게 믿었기에 예언이 이루어지지 않도록 코린토스를 벗어나 길을 가던 중에 우연히 만난 노인을 살해하게 된다. 그런데 그 노인이 바로 오이디푸스의 친아버지인 테베의 왕 라이오스였다.

테베에 도착한 오이디푸스는 나라를 공포에 떨게 했던 괴물 스핑크스의 수수께끼를 풀어 괴물을 물리치는 데 성공한 뒤 그 대가로 남편을 잃은 여왕 이오카스테를 아내로 맞이한다. 물론 그녀가 자신의 친어머니라는 사실은 모른 채 말이다. 하지만 나중에 이 사실을 알게 된 오이디푸스는 자신의 눈을 파내고, 그의 어머니이자 아내인 이오카스테는 목을 매고 자결한다.

고대 로마인들 역시 신탁은 신의 이름으로 말하는 것이고, 또한 목소리나 징조를 통해 개인의 미래를 이루는 요소를 예언하는 것이라 여겼다. 키케로는 그의 저서 『점술에 관하여』에서 이렇게 설명했다. "신들은 우리에게 미래를 알려준다. 그리고 이 미래를 파악하는 데 필요한 과학의 토대를 마련할 방법을 우리에게 제공한다(만약 그렇지 않다면 신이 우리에게 미래를 알려주는 이 의사소통 관계는 아무짝에도 소용없다). 이렇게 해서 점술의 과학이 탄생했다."

꿈

꿈을 통해 미래에 대한 신의 계시가 전달된다는 믿음은 아주 오래전부터 전 세계 어디서나 있었다. 이때에는 잠들기 전에 스스로 질문을 하거나, 단순히 꿈을 꾼 후 해몽하는 것으로도 미래에 대한 답을 들을 수 있었다. 특히 고대 이집트에서는 신들이 인간에게 메시지를 전달하기 위해 만든 것이 꿈이라고 믿었기 때문에 파라오들은 꿈을 매우 중요하게 여겼다. 반면, 유대민족이 성경 속에서 꿈을 언급한 경우는 오직 이집트가 배경이었을 때뿐이다. 이 이야기에 따르면 야곱의 열한 번째 아들이자 라헬의 첫째 아들이었던 요셉은 이집트의 고관이 되었다가 모함을 받아 감옥에 갇힌 후 파라오의 꿈을 해몽하여 자유를 되찾는다. 또한 요셉은 형제들과 아버지가 자신 앞에 고개를 숙이는 꿈을 꾸는데, 훗날 이 꿈은 그대로 이루어진다.

3세기 중국에서도 미래를 성찰할 때 꿈이 매우 빈번히 등장했다. 서정(중국 삼국시대 오나라의 도교 작가 – 옮긴이)이 지은 『옥궤록』은 꿈을 풀이한 것을 모아 만든 해몽서다. 티베트에서는 승려라면 간밤에 자신이 꾸었던 마지막 꿈을 해석할 줄 알아야 했다. 꿈에서 부처를 보거나, 왕관을 쓰거나, 바다에서 쉽게 헤엄치거나, 해나 달이 뜨는 것을 느낀다면 이는 길조로 여겨졌다. 반대로 군사들에게 떠밀리거나, 해나 달이 지는 모습을 감상하거나, 무언가 끊어지는 것이 보이면 흉조라고 믿었다.

아메리카 인디언 문화를 살펴보면, 잠들기 전에 드림캐처를 달아두면 고리 안에 짜인 그물망에 나쁜 꿈이 갇혀버려서 잠든 사람을 해치지 못하고, 이렇게 그물에 붙잡힌 나쁜 꿈은 아침 해가 뜨면 사라져버린다고 여겼다. 인디언 부족 중 와이언도트족은 꿈이 욕구불만을 표현한다고 믿어서 이를 샤먼이 해석하는 문화가 있었다. 그들은 무의식적인 욕구를 만족시키고 자신의 꿈에 따라 살면, 조화를 이루고 행복한 운명을 사는 데 도움이 된다고 믿었다.

우연

이외에도 가깝거나 먼 미래를 알아내는 것, 혹은 어떤 일을 하기에 좋은 시기를 판별하는 여러 기법이 존재했는데 그중에는 우연을 토대로 한 기법도 있었다. 사람들은 우연이 신의 이름으로 말하는 것이라 여겼으며 우연을 표현하는 길은 무수히 많았다.

티베트에서는 신에게 묻고 싶은 것이 있는 사람은 먼저 기도를 올린 뒤 염주의 구슬을 양손에 하나씩 골라잡는다. 그런 다음 양손을 서로 상대편으로 이동시키는데 이때 매번 구슬 세 개를 건너뛴다. 마지막이 되면 양손 사이에 남는 구슬의 수는 한 개나 두 개, 또는 세 개가 된다. 구슬 한 개가 남으면 '매', 구슬 두 개는 '까마귀', 구슬 세 개는 '설산사자(티베트 신화에 나오는 전설의 동물 - 옮긴이)'를 뜻하는데 '매'는 성공을, '까마귀'는 실패를, '설산사자'는 중간을 의미한다. 확실한 결과를 얻으려면 이런 과정을 세 차례 반복해서 세 번 다 똑같은 답이 나와야 한다. 이밖에도 (라마승의 환생자를 선정하는 일처럼) 사원에서 중요한 결정을 내려야 하거나 그런 결정을 내리기 좋은 때를 선택해야 할 경우도 있다. 이때 승려들은 그 사안을 문서로 작성한 다음 이 문제에 대해 나올 수 있는 모든 답을 각각 종이에 적고 똑같은 크기의 밀가루 반죽 안에 넣는다. 이렇게 준비한 반죽 덩어리들을 사발 안에 배열해서 담은 다음 뚜껑을 닫아 밀봉한 후 묘비나 조각상 같은 성물 앞에 놓아둔다. 그런 다음 승려들은 그 사발을 만지지 않고 그 앞에서 사흘간 기도문을 암송한다. 나흘째 되는 날, 뚜껑을 열고 라마승 한 명이 사발에 담긴 작은 반죽들을 굴려서 그중 하나가 떨어지면 그 안에 문제의 해답이 들어 있는 것으로 본다.

단 한 명의 예언가가 운명의 메시지를 해석할 수 있는 경우도 있다. 이번에도 티베트의 예를 들겠다. 한 예언가가 어떤 신 앞에서 수천 번의 주문을 외운 다음 그 신으로부터 예지력을 얻는다. 그러면 그는 주사위를 던져서 나온 결과를 예언서를 바탕으로 분석한다. 또 다른 경우를 보면, 예언가가 우연한 일을 전조로 해석하는 경우도 있다. 가령 잘 차려입은 사람이나 (연꽃이나 꽃병 같은) 종교적 상징을 지닌 사람과 마주치거나 임신부나 코끼리를 만나면 길조로 보는 반면, 집이 무너지는 것이나 물건에 불이 붙은 것을 보면 흉조로 여긴다.

부탄에 있는 프랑스 출신 역사학자 프랑수아즈 포마레가 연구했던 부탄 남부 켕 지방에 있는 불리 마을에서는 사회 전반에서 다양한 제비뽑기 기법을 사용한다. 미래에 관한 질문의 답을 얻기 위해 성직자는 대나무 바늘로 서로 연결해놓은 나뭇잎 세 장을 공중에 던진다. 나뭇잎이 땅에 닿을 때 뒷면(오목한 면)이 바닥에 닿으면 길조로 본다. 부탄에서 이 기법은 모든 일상사에서 미래를 점칠 때 사용하는 방법이다.

아프리카의 사바족(하자 레 부족에 속하며 차드 중부의 산악 지대에 거주하는 공동체)에서는 예언가가 미래에 대한 질문을 받으면 먼지 속에 재빨리 무작위로 점선을 네 개 긋는다. 그런 다음 각각의 선마다 찍혀 있는 점의 개수가 짝수인지 홀수인지 세어본다. 이렇게 하면 16가지의 홀짝 조합이 가능한데, 각 조합마다 특정한 의미를 지닌다. 가령, 점선 네 개 모두 점의 개수가 짝수라면 중병에 걸린다는 뜻이다. 또 다른 예언 방법도 있다. 이번에는 예언가가 자신의 둘레에 원을 하나 그리고 이 원을 여러 개의 '방'으로 나눈다. 그런 다음 32~42개의 돌을 원 위에 아무렇게나 던져 세 무더기를 만든 뒤 각 무더기별로 돌의 개수가 짝수인지 홀수인지 헤아린다. 이때 여덟 가지 조합이 가능한데 각 경우마다 다른 의미를 지닌다. 원 안의 모든 '방'이 채워질 때까지 이 과정을 반복한다.

나이지리아 남서부와 토고, 베냉에 살고 있는 요루바 부족 사회에서는 예언가가 지혜의 신 오룬밀라의 보호하에 단기적 미래를 예언하거나 어떤 결정을 내리기에 적절한 시기를 알려준다. 이때에는 무작위로 던진 콜라나무 열매의 256가지 분포를 해석하는 코드를 사용한다.

말리의 도곤 부족 사회에서는 예언가가 여러 칸으로 나뉜 직사각형을 하나 그린 다음 각 칸마다 상징을 정하고 여기에 막대기들을 놓는다. 예언을 요청한 사람은 여기에 무작위로 미끼들을 놓아둔다. 이들의 믿음에 따르면, 그날 밤 '창백한 여우'라 불리는 재칼 한 마리가 직사각형 속 칸들을 지나며 발자국을 남기고, 그러면 예언가가 그 발자국을 해석한다.

유대교에서도 신의 의지는 운과 우연 속에서 드러난다고 보았다. 다만 여기서 미래에 대한 예언을 알아내려 하지는 않았다. 「민수기」(구약성서의 네 번째에 수록된 책 - 옮긴이)에는 "주님께서 예리코 앞 요르단 강가의 모압 벌판에서 모세에게 이르셨다. "너는 이스라엘 자손들에게 일러라. (…) 너희는 그 땅을 차지하고 거기에서 살아라. 내가 너희에게 그 땅을 차지하라고 주었다. 너희는 씨족별로 제비를 뽑아 재산을 받아라."(「민수기」 33장 50~54절)라는 부분이 나온다. 「여호수아기」를 보면 이렇게 제비뽑기로 분배를 완수하는 내용이 등장한다. "너희는 저 땅을 일곱 몫으로 나누어 지도를 그려 이리로 나에게 가져오너라. 그러면 내가 여기 주 우리 하느님 앞에서 너희를 위하여 제비를 뽑아 몫을 정하겠다."(「여호수아기」 18장 6절) 마찬가지로 요마(유대교 명절에 관한 규약 - 옮긴이) 39조에 따르면, 예루살렘 성전에 바칠 희생 제물을 선정하는 문제는 우연에 맡기도록 되어 있다. 대사제는 제물로 바쳐진 두 마리의 동물 중에서 '하느님에게 보낼' 것과 '광야로 내보낼 아사셀(이스라엘의 죄와 허물을 짊어지고 황량한 광야로 떠나는 염소 - 옮긴이)'을 정할 때 추첨함에서 제비를 뽑아 결정했다. 선원으로 배를 탄 요나의 이야기에도 제비뽑기가 등장하는데(유대교와 그리스도교에서는 「요나서」에, 이슬람교에서는 「코란」 37장에 나온다), 배가 풍랑을 만나자 제비뽑기로 폭풍의 책임을 질 사람을 뽑아 배 밖으로 던져버린다는 내용이다.

아테네에서도 제비뽑기는 신의 의사를 표현하는 방법으로 간주되었기에 일부 지도자를 지명할 때 이 방법을 사용했다. 『일리아스』를 보면 세 명의 후보 중에서 헥토르에 맞설 자로 아이아스가 선정될 때 제비뽑기로 정하는 장면이 나온다. 제비를 뽑는 동안 군중은 "아버지 제우스여, 아이아스나 티데우스의 아들이나 아주 부유한 미케네 왕의 제비가 나오게 하소서!"라며 입맞추어 외쳤다.

고대 로마에서는 어린아이가 올리브나무 상자에서 예언이 적혀 있는 나무조각들 중 하나를 무작위로 뽑으면서 운명과 행운의 여신 포르투나에게 미래를 물었고, 많은 로마장군들은 이 예언에 따라 전투 시기를 결정했다. 로마의역사가 수에토니우스(주요 저서인 『황제전』은 카이사르부터 도미티아누스에 이르기까지 로마 황제 열두 명의 전기를 기록한 작품이다 - 옮긴이)에 따르면 로마의 2대 황제 티베리우스는 이런 방법으로 영광스러운 미래에 대한 예언을 들었다고 한다. "그는 파도바 근처에서 게리온(그리스 신화에 나오는 세개의 머리와 몸을 가진 괴물 - 옮긴이)의 신탁을 들었다. 게리온은 티베리우스에게 궁금한 것을 알고 싶으면 아포누스분수에 황금주사위를 던지라고 했다. 그가 신탁대로 황금주사위를 던지자 가장 높은 수가 나왔다." 프랑스 역사가오귀스트 부셰 르클레르크는 그의 저서 『고대 예언의 역사』에서 "티베리우스는 주사위를 던져 아우구스투스 황제의 후계자가 된다는 점괘를 받았고 이는 그대로 이루어졌다. 헤라클레스의 자손이라 주장하는 자들은 딱딱해진 흙으로 만든 구슬들을 가지고 메세네, 스파르타, 아르고, 이 세 도시를 제비뽑기로 뽑았다. 반면 크레스폰테스(그리스 신화에 나오는 메세네의 왕, 헤라클레스의 후손 중 한 명 - 옮긴이)의 경쟁자들이 가지고 있던 구슬들은 물속에서 녹아버렸다."라고 했다.

그리스도교에서도 우연은 신의 의지가 표현된 것이라 보았다. 「사도행전」을 보면 유다를 대신할 사람을 선택한 과정은 다음과 같다. "그들에게 제비를 뽑게 하니 마티아가 뽑혀 그가 열한 사도와 함께 사도가 되었다"(「사도행전」 1장 26절).

동물

어떤 문명권에서는 희생 제물로 바친 동물의 내장을 보고 운세를 판단하며 미래를 예언했다. 티베트와 중국에서는 신을 소환하는 의식을 치른 후 동물의 어깨뼈를 불 속에 던진 다음 뼈가 갈라지는 형태와 색상, 딱딱거리는 소리를 해석했는데, 이때 뼈가 흰색으로 변하면 길조로 보았다.

동물을 이용한 미래 예측 기법은 또 있다. 자신의 미래에 대한 답을 얻고자 하는 사람은 주머니 속에 동물의 어깨뼈와 노간주나무 조각을 넣어야 한다. 이렇게 준비하고 집 밖으로 나서서 제일 처음으로 듣는 말이 바로 그가 구하는 답이다.

이외에도 티베트에는 불교 사원의 등잔용 기름으로 사용되는 야크 버터를 이용한 미래 예측 기법이 있다. 미래에 대한 질문을 하려는 사람은 우선 자신의 질문을 머릿속으로 생각한 다음 기도문을 100회 반복해서 낭송해야 한다. 그러면 등잔불의 불꽃 색깔이 그의 질문에 대한 답을 준다. 불꽃이 강렬한 오렌지색이면 긍정적인 징조이며, 노란색이면 부와 권력을 상징하고, 샛노란색이면 성공을 뜻한다. 반면 어두운 붉은색이면 큰아들의 죽음이나 불임을 의미한다.

중국에서는 까마귀의 행태를 관찰하기도 했다. 까마귀가 날아가는 방향, 울음소리가 나는 위치와 날짜, 다른 까마귀들과 만나는 장소 등이 인간의 미래를 알려준다고 믿었기 때문이다. 가령, 여러 마리의 까마귀가 어느 집 위에서 울면서 날고 있다면 이는 이 집에 사는 사람 중 누군가의 죽음이 임박했음을 예언하는 것이라 믿었다.

그리스에서도 새를 이용해서 선택을 가늠하고 운명을 점쳤다. 아테나 여신이 눈을 멀게 만들었던 예언가 테이레시아스는 새들의 언어를 알아들을 수 있는 능력 덕분에 미래를 예언하는 재능을 받았다. 이 재능이 있었기에 테이레시아스는 오이디푸스에게 그의 운명을 알려주고 경고할 수 있었다.

유대교에서는 예언, 특히 동물을 이용한 예언에 매우 적대적이었다. 이는 탈무드에 나오는 다음의 냉소적인 은유를 보면 잘 알 수 있다. 알렉산더 대왕의 군대에 속했던 한 유대 병사가 새가 나는 것으로 자신이 소속된 군대의 이동이 결정되는 것을 기다리다 지친 나머지 그 새를 활로 쏘아 죽이고 만다. 그런 다음 이에 분노한 장교에게 그 새는 자신이 곧 죽는다는 것조차 예언하지 않았으니 미래를 아는 능력이 조금도 없는 것이라 주장한다.

고대 로마인들도 미래를 예언하기 위해 새를 활용했다. 전설에 따르면 로마의 시조 로물루스가 자신의 이름을 딴 도시를 세운 것은 그의 동생보다 그에게 더 많은 독수리가 날아왔기 때문이다.

켈트족은 신의 의지가 말에 부여되었다고 믿었고, 색슨족은 전쟁을 치르기 전에 신성한 말의 자세를 관찰했다. 만약 이 말이 왼쪽 다리를 보여주면 전투가 힘들 것이므로 개전을 포기하는 편이 낫다는 것으로 해석했다.

카드와 커피

타로 카드나 커피 찌꺼기 등을 이용해서 우연을 토대로 예언하는 기법도 있다.

1540년에는 카드를 이용해서 신탁을 고르는 방법을 기술한 책인 『프란체스코 마르콜리니 다폴리의 운명』에서 최초로 게임용 카드로 예언하는 내용이 등장했다. 1735년과 1750년에 작성된 문서(각각 '스티븐스의 정사각형'와 '카드점')에는 초보적인 타로 카드에 대한 자료가 남아 있기도 하다. 카사노바는 1765년에 쓴 일기에 자신의 러시아 출신 정부情婦가 카드놀이로 점을 자주 친다고 적기도 했다. 오늘날에도 많은 점쟁이들이 수시로 바뀌는 규칙에 따라 카드점을 치고 있다.

커피 찌꺼기를 읽어 미래를 점치는 방법은 카스피해 주

변과 러시아 차르의 궁중, 페르시아, 이집트와 터키의 이슬람 군주국에서 널리 행해졌다. 이 방법은 17세기 말 오토만 제국의 침략에 따라 유럽으로 전파되었다. 커피 점을 보는 법은 다음과 같다. 구체적인 문제를 머릿속으로 생각하면서 천천히 커피를 마신다. 커피 잔 안에 남은 찌꺼기를 보면 미래를 읽을 수 있고, 받침에 남은 찌꺼기를 보면 현재를 읽을 수 있다. 찌꺼기의 모양에 따라 길조와 흉조를 가늠할 수 있는데, 찌꺼기가 둥글거나 원 모양이면 긍정적인 의미이고 각이 졌다면 부정적인 의미다. 줄이 많고 눈에 잘 보이면 미래가 행복함을 뜻하는 반면, 줄이 너무 한정되어 있으면 보잘것없는 미래를 상징한다. 찌꺼기가 십자가 모양으로 나오면 호상好喪할 운이며, 새 모양은 행복을, 파충류는 배신을 상징한다.

우리는 왜 여전히
점을 치는가?

　　　　지금까지 살펴본 기법들은 과학적으로 유효성이 입증된 적이 없다. 실제로 별자리 점이나 카드점, 주사위 점 중 어느 것도 과학적인 실험을 근거로 하고 있지 않고, 어떤 이론적인 연구도 이 방법들이 유효함을 입증하지 못했다. 이런 예측 기법들의 정확성 또는 우발적인 정확성을 보여주는 통계자료도 없을 뿐더러, 지금껏 그 누구도 예언과 예측된 사건 사이에 존재하는 최소한의 인과관계나 상관관계조차 기술하지 못했다.

　그럼에도 수백만, 아니 수십억의 사람들은 오늘날에도 여전히 신문의 별자리 운세를 열심히 찾아 읽고, 하늘에 나타나는 징조와 우연, 꿈을 믿고, 점쟁이를 찾아가며, 최근에는 태블릿에 예언 소프트웨어를 다운로드한다. 그 이유는 무엇일까?

그 첫 번째 이유는 이런 기법들은 이를 사용하는 사람들, 직관력과 더 나아가 예지력을 보일 줄 아는 사람들의 재능과 합쳐져서 효력을 발휘한다는 점에 있다. 그래야 여러 징조를 해석할 수 있고 또 그런 징조를 묶어오는 사람들의 반응과 태도를 풀이할 수 있기 때문이다. 그래서 점쟁이나 샤먼은 점을 보러 온 사람의 움직임이나 눈을 깜빡이는 모양을 보고 어떤 방향으로 예언을 풀어갈지 정한다.

두 번째 이유는 정신의 능력에 관해 속속들이 알기에는 아직 멀었다고 생각하게끔 여전히 혼란스러운 연구결과가 존재하기 때문이다. 실제로, 일견 가장 이성적이지 못한 것처럼 보이는 미래 예측 방법들은 아직도 연구대상으로 남아 있다. 이제야 겨우 신경과학이 이를 탐구하기 시작한 수준이고 특히 예감과 예언적인 꿈, 기시감, 예지력과 같은 현상에 대한 의학적 연구가 진행 중이다. 아직 아무것도 확실한 것은 없지만, 현재의 연구방향에서는 이러한 현상이 존재할 가능성을 배제하지 않고 있다.

코넬 대학교의 대릴 J. 벰 교수의 실험결과에 따르면, 어떤 사람들은 컴퓨터 모니터에 무작위로 나타나는 사진을 미리 알아맞힐 확률이 53퍼센트 이상이라고 한다. 스탠포드 대학교의 콕스 교수는 구체적인 한 가지 사례를 바탕으로 해서, 기차 사고가 있었던 날 기차를 타고 있던 승객의 수가 평상시보다 적었다는 사실을 밝혔다. 마치 승객들이 사건이 발생할 것을 미리 직감이라도 했던 것처럼 말이다. 예언적인 꿈을 연구하는 연구자들도 있다. 이들은 이런 꿈을 수면 중에 뇌가 사고하는 것으로 본다. 깨어 있는 상태에서는 뇌가 약한 신호를 중요하게 받아들이지 못해서 결론을 도출할 수 없었지만, 잠을 자는 동안에는 이것이 가능하다는 것이다.

마지막으로 가장 중요한 세 번째 이유는 수십억의 사람들이 물질적인 증거 없이도 유일신을 믿거나 여러 신을 믿는 것과 같은 이유다. 바로 믿음, 신앙 때문이다.

그래도 종교보다는 점성술을 기만에서 벗어나게 하는 편이 쉬울 것이다. 종교의 경우, 기적에 관한 것만 제외하고는 이제 개개인이 갖는 지상에서의 운명에 종교가 영향을 준다고 주장하지 않기 때문이다. 다시 말해 종교는 단지 아무도 다녀온 적이 없어서 예언이 맞는지 틀린지 증명할 수 없는 저세상에서의 삶에만 영향을 준다고 한다.

문제는 증거도 없고, 돈도 들지 않고, 눈으로 보여줄 수도 없는 신앙이 미래 예측 기법에서도 중요한 바탕이 된다는 것이다. 깊고 진정한 신앙. 어쩌면 이런 신앙은 고독을 견디지 못하는 인간의 특성과 인간 조건의 부조리함 때문이리고 설명될 수밖에 없다.

우리는 미래를 알 수 있다고 믿을 필요가 있으며, 운명과 머리를 맞대고 있는 상황에서 자신이 혼자라는 사실을 인정하고 싶어 하지 않는다. 어떤 사람들은 자신의 앞에 기다리고 있는 미래의 한 단편이라도 알 수 있는 최소한의 기회를 놓치지 않으려 한다. 비록 그 기회가 극히 미미하다 할지라도 말이다. 누구도 미칠 만큼 고독해지고 싶지 않으며, 자신이 시간의 왕국을 지나는 한낱 부조리한 산책자일 뿐임을 인정하고 싶어 하지 않는다. 앞으로 살펴보겠지만, 가장 이성적인 미래 예측 기법들도 이러한 고대의 지식에서 많은 부분을 차용하고 있다.

PART
2

시간을 통제하다
: 인간의 권능

　　　　　　　　일찍이 어떤 사람들 혹은 민족들은 자연
이나 신이 정해놓은 운명의 파편을 해독하는 것에 만족하
지 않았다. 우선 그들은 정해진 숙명에 대적할 수 있다는
대담한 생각을 가졌다. 그들은 신의 뜻을 바꿔달라고 신에
게 요구할 수 있다고 믿었으며, 더 나아가 신에게 도전할
수 있다고 생각했다. 신화를 보면 이런 행동을 감행했던
인간들에게 불행이 닥치는 이야기가 나온다. 이와는 달리
인간들이 믿었던 신들 중 일부, 그리고 유일신은 인간들에
게 자신의 미래를 선택하고 자유롭게 살라고 명령했다.

　　그래서 인간은 자신의 미래를 이성적으로 예상하려고

노력했다. 더 이상 징조나 신탁을 신뢰하지 않고 인간 스스로 이성을 가지고 자신에게 일어날 일이 무엇인지 깊이 생각하기 시작했다. 오직 인간 자신의 힘에만 의존해서 말이다. 이제 인간이 미래를 예측하려는 목적은 미래를 알게된 후 체념하고 주어진 미래를 그대로 받아들이기 위함이 아니라, 미래의 위험을 측정하여 앞으로 어떻게 하면 그런 위험에서 스스로를 보호하고 그것에 적응하거나 그것을 피할 수 있을지 파악하는 것이었다. 이에 따라 미래를 바라보는 인간의 시각이 달라졌다. 미래를 더 이상 감내해야하는 숙명이 아니라 건설해야 할 하나의 운명으로 여긴 것이다. 그래서 인간은 미래에 나타날 추세와 불변적인 요소를 찾기로 했다.

이제 인간은 시간을 완전히 다르게 생각하기 시작했다.

예언의 시대가
저물다

예언할 권리가 아닌 예측할 권리를 추구하기 시작한 존재들은 기원전 10세기의 유대민족이었다.

이 시기에 대부분의 문화권에서는 (그리스 철학만 보더라도 그렇듯이) 인간을 결정하는 것은 인간의 능력을 능가하는 사건들이며, 불행으로부터 보호받으려면 신에게 제사를 올리는 길밖에 없다고 생각했다. 이런 상황에서 오직 유대교만이 숙명론을 문제 삼았다. 유대교에서는 신이 인간에게 위임한 세상을 인간이 고치고 완성해야 한다고 보았기 때문에, 미래에 발생할 수 있는 위험을 통제하고 세상이 나아가야 할 방향을 설정하려면 그 위험이 무엇인지 알아야 했다. 또한 자연을 통제하고 과학을 발전시키며 옛 지식과 새로운 지식을 배우고 전달할 필요도 있었다. 하지만 죽음을 비롯한 인간 조건의 제약에서 해방되리라고 기대했던 것은 전혀 아니다. 이것은 오직 메시아만이 가능하게 할 수 있는 일이라 믿었기 때문이다.

이에 비해 고대 그리스와 로마에서는 아주 보편적으로 숙명론이 사회 전체를 지배했다. 유대 세계를 제외하고 가능한 한 이성적인 방식으로 미래를 예측한 자들은 그리스와 페니키아(BC 1200~900년경 지중해 해상무역 문화를 이끈 고대문명 - 옮긴이)의 선원들이 유일했다. 이들에게는 생존이 달린 문제였기 때문이다. 어떤 항로를 선택할 것인가? 폭풍우를 어떻게 피할 것인가? 미래에 대한 예측을 처음 낳은 곳이 바다 위라는 것은 전적으로까지는 아니어도 부분적으로는 확실한 사실이다. 하지만 이들을 논외로 한다면 그리스·로마 세계는 숙명론을 불문율처럼 받아들였다. 기원후 1세기, 로마의 스토아 철학자 세네카가 시칠리아의 총독 루킬리우스에게 쓴 편지 형식으로 지은 20권짜리 서간집『도덕서간』을 보면 "자네가 오래전부터 감수하고 있는 숙명"이라고 언급한 대목이 나온다. 그는 "자네가 태어난 날부터 걸어가고 있는 쪽은 바로 죽음"이라고 한다. "나는 불변의 것을 변하게 만들 수 없고 불확실한 것에 대비할 수 없다. 내가 선택하기 전에 신이 먼저 앞서서 내가 할 것을 결정한다. 운명의 여신은 더 이상 내게 선택권을 주지 않는다. 이렇게 숙명이란 것이 존재한다면 도대체 철학이 무슨 소용일까? 신이 모든 것을 주관한다면 철학은 어디에 쓸모가 있는가? 우연이 지배한다면 철학은 무슨 역할을 하는 걸까?" 그런 다음 세네카는 이렇게 결론 짓는다. "(철학은) 우리의 내면에서 신에 대한 자발적인 순종, 행운의 여신에 대한 끈질긴 저항을 결정한다."

그리스도교는 유대교의 직계라 할 수 있지만 숙명론에 있어서는 그리스·로마의 전통을 이어받았다. 그리스도교는 메시아 대망론을 핵심으로 하기 때문에 일체의 미래 예측 행위를 금지했다. 시간과 마찬가지로 미래는 하느님에게 속한 것이며, 하느님은 수수께끼 같은 방법으로 홀로 미래를 결정한다고 믿었던 것이다. 또한 하느님은 인간 개개인에게 그의 공덕과는 상관없이 자신의 변덕에 따라 천국으로 가는 길을 열어주는 은총을 내린나고 보았다.

그리스도교가 국교가 된 로마제국 말기에는 예언가에

대한 대중의 불신이 커졌던 것으로 보인다. 349년, 로마 황제 콘스탄티우스 2세는 예언 행위를 금지시켰다. "동물의 내장을 보고 점을 치는 예언가는 이유 여하를 막론하고 다른 사람들의 집에 가까이 가지 못하게 하라. (…) 다른 사람들의 집 근처에 간 점쟁이는 산 채로 화형에 처해질 것이다."

이슬람교도 마찬가지 전통을 이어갔다. 그들에 따르면 미래는 오직 신에게 속하는 것이며 인간은 신의 섭리로 정해진 것을 할 수 있을 뿐이다. 비록 자신이 자유롭다고 믿더라도 인간은 아무것도 결정할 수 없다. 맥락은 완전히 다르지만 쇼펜하우어가 말했듯, 인간은 "자신이 원하는 것을 원할" 수 없다는 말이다.

하지만 그리스도교 세계에서도 지도층을 시작으로 점차 변화가 일기 시작했다. 자기 인생을 통제하며 자유롭게 살고 이승에서 자신의 운명을 책임지고 저승을 믿는 사람들이 저승에서의 미래도 책임지고자 하는 욕망을 가지기 시작한 것이다. 그 결과, 지도층은 이제 자신의 미래가 어떻다는 이야기를 듣고 싶어 하지 않았다. 그들은 이승과 저승에서 자신의 인생이 오직 하느님의 변덕에 따라 좌우되는 것을 거부했고, 그들 자신이 직접 미래를 예측하고 예상하기를 원했다.

그러자 그리스도교 내부에서 굉장한 전투가 시작되었다. 시간의 주인이 누구인가? 어떤 지점까지 인간이 자신의 미래와 사후의 운명에 영향을 미칠 수 있는가? 인간의 구원은 오직 하느님에게만 달려 있는 것인가, 아니면 인간 자신에게만 달려 있는가? 또는 하느님과 인간의 의지가 모두 결합되어 작용하는 것인가? 이러한 화두를 둘러싼 논쟁에 불이 붙은 것이다.

지루한 논쟁 끝에 13세기에 토마스 아퀴나스가 일종의 타협안을 제안했다. 하느님이 임의로 부여한 은총을 인간의 선행으로 보완함으로써 인간이 자신의 구원에 기여할 수 있음을 인정한 것이다. 따라서 여기서 인간의 행위는 필요조건이기는 하나 충분조건은 아니었다.

그로부터 수 세기가 지난 후 숙명론과 예정설을 이 정도로 살짝 수정한 것만으로는 사람들이 만족하지 못할 것이 분명해지자, 그리스도교 일각에서는 더욱 복잡한 이론을 만들어냈다. 먼저, 종교개혁론자들은 하느님이 신비롭게 부여한 은총을 인간이 세상에서 행하는 행위로 실현한다고 주장했다. 다음으로, 몰리나 신부가 이끈 예수회에서는 하느님은 모든 인간이 태어날 때 '충족' 은총을 내리지만, 이 은총을 '효능' 은총으로 만들고 그렇게 함으로써 자신의 구원을 보장받으려면 인간은 행위로 결실을 맺어야 하는데 이는 인간 각자의 몫이라고 주장했다. 이에 비해 얀센주의의 주장은 사뭇 달랐다. 얀센주의의 교리는 네덜란드이 신학자 코르넬리우스 얀세니우스와 생시랑 수도원장이 수립하고 프랑스의 철학자 블레즈 파스칼이 훌륭하게 설명했다. 이들은 영원한 삶을 살도록 예정된 인간에게 하느님이 내려주신 은총은 오직 '효능' 은총뿐이고, 그 누구도 이 은총을 피할 수 없다는 주장을 반복했다. 이들이 보기에 예수회의 교리는 착오이며 신성모독이었다. 인간은 하느님의 의지가 실현되도록 돕는 것 이상은 아무것도 할 수 없다는 것이 이들의 주장이었다.

이러한 변화를 겪었지만, 여전히 우연은 고매한 영혼을 지닌 자의 특징으로 인식되었다. 17세기 프랑스의 작가 보쉬에는 자신이 하느님의 전령이라고 아주 분명하게 밝히기도 했다. "인간에게는 우연이지만 이것은 하느님에게는 섭리다."

이리하여 흘러가는 시간에 가치를 부여하고 날씨를 예측하는 방법으로 시간은 천천히 해방되어갔다.

날씨 예측을
시작하다

고대 농경 문명사회뿐 아니라 뱃사람들, 대상隊商을 이끄는 우두머리들에게는 계절이 오고가고, 낮과 밤이 바뀌고, 비가 내리고, 해와 달이 뜨는 것을 예측하는 일이 무엇보다도 중요했다. 이렇게 기상을 예측했던 목적은 기후를 변화시키려는 것이 아니라 단지 기후에 순응하고 그로부터 몸을 보호하기 위해서였다. 농사를 더 잘 짓고, 악천후를 더 잘 피하고, 여행을 더 잘하기 위해서였던 것이다.

날씨 문제에 있어서도 천체가 결정적으로 중요한 역할을 했기에 천체 관측은 당연히 중요시되었다. 이번에는 객관적이고 경험에 의거한 방식으로 천체를 관찰했지만, 그래도 여전히 인과관계가 아닌 상관관계에만 초점이 맞춰져 있었다. 어떤 하늘과 어떤 날씨 사이에 존재하는 우연의 일치를 확인하기는 했지만 그 이유를 설명하지는 못하는 식이었다. 즉, 당시는 점성술에서 천문학으로 서서히 옮아가는 과정이었다고 할 수 있겠다.

어떤 이들은 여전히 이 같은 우연을 초자연적인 힘이라고 생각해서 기도를 통해 그 힘을 감복시키려 애썼다. 그래서 사제들이 수행해야 하는 주요 임무 중 하나가 바로 예측과 기도를 혼용하는 것이었다. 이런 식으로 그들은 날씨를 예측하려 했고, 마치 그들이 낮과 밤을 바꾸고, 해가 뜨게 만들고, 비가 내리게 하고, 바람이나 폭풍우를 그치게 만든 것처럼 행동했다. 대개 사제들은 예측으로 얻어진 결과를 그들이 중재한 결과라고 포장했다. 실제로 모든 종교의식을 보면 사제 혹은 그 의식을 거행하는 자는 점성가인 동시에 천문학자이자 기상학자였다. 그런데 이들의 예측은 기도와 한데 섞이면서 기묘하게 변질되는 경우도 있었다. 인과관계가 아니라 단지 서로 뒤섞이고 의존하는 상관관계만이 존재하게 된 것이다. 가령, 부르키나파소에 사는 일부 아프리카인들이 실제와는 정반대로 나비가 날면 비가 온다고 믿고 있는 것처럼 말이다.

다른 문화권으로 눈을 돌려보면, 그저 기도하는 것으로 만족하지 않고 대범하게도 기상을 관측해서 기상현상과 천문도간의 상관관계에 주목했던 곳이 있었다. 기원전 10세기 말 중국에서 편찬되어 세계 최초의 기상학 서적으로 알려진 『황제내경소문黃帝內經素問』에는 기상관측 내용만 기록된 것이 아니라 날씨를 예측하는 내용까지 담겨졌다. 기원전 4세기 인도에서는 규칙적으로 분다고 밝혀진 계절풍이 불었을 때 강수량을 측정하여 수집한 뒤 이를 바탕으로 앞으로의 전망을 내놓았다. 이와 같은 시기에 메소포타미아에서도 하늘에 대한 지식을 쌓아가면서 천체의 위치와 계절이 연속되는 현상을 서로 관련지어 생각하기 시작했다.

한편, 유대민족은 날씨가 순종의 대상이 아닌 통제의 대상이라고 생각했던 최초의 민족이었다. 하지만 이들 가운데에는 랍비들의 견해와는 달리 인간이 더욱 윤리적으로 행동하면 비가 더 잘 내리게 할 수 있다고 믿는 이들도 있었다. 미국 남서부 사막지대에 정착해서 옥수수를 경작하며 살던 인디언 부족 호피족[이들은 특별한 우주생성이론을 가지고 있었는데 수많은 카치나(북미 인디언 종교에서 영적인 존재를 가리키는 말로, 호피족 인디언은 카치나 인형을 조각해서 축제 때 소녀들에게 선물한다 - 옮긴이) 인형을 만들어 그 안에 이 이론을 담아냈다]은 사제들이 캐스터네츠를 손에 들거나 입에 물고서 그것이 흔들리는 모양을 흉내 내며 9일간 춤을 추면 그들의 생존에 반드시 필요한 비가 내린다고 믿었다. 모로코 동남부에 있는 타필라레에서는 어린 소녀들이 국자 두 개로 팔을 붙여 만든 허수아비 인형을 들고 노래를 부르면서 마을로 간다. 그러면 구경꾼들이 국자 안에 물을 부어주고 소녀들에게 달걀과 밀가루, 밀을 주는데, 이 음식으로 온 마을은 성대한 잔치를 벌인다. 마을 사람들은 이렇게 하고 나서 며칠이 지나면 비가 내릴 것으로 여긴다.

오랫동안 그리스인들은 바람은 바람의 신 아이올로스의 작품이며 번개와 비는 제우스의 작품이라고 믿었다. 따라서 바람이나 비를 원한다면 이 두 신에게 기도를 올려야 했다. 그리스에서 이성을 토대로 한 기상학은 기원전 350년 아리스토텔레스가 비가 내리는 메커니즘을 설명하면서 등장했다. 그는 물이 태양의 작용에 의해 하늘로 올

라간 다음 하늘 위에서 차가운 기온 때문에 응결되어 비의 형태로 다시 땅으로 떨어진다고 했다. 같은 시기에 고대 그리스에서는 기후와 관련되었든 아니었든 모든 자연재해의 합리적인 원인을 찾기 시작했다. 탈레스는 지하수의 활동이 지진의 주된 원인이라 생각했고, 이후 아리스토텔레스는 프네우마(스토아 학파에서 주장한 제5원소로, 생명의 원리가 되는 숨, 호흡을 이르는 말 – 옮긴이) 때문에 지진이 생긴다고 설명했다. 프네우마는 땅에서 나와서 바람을 일게 하거나, 땅속에 갇혀서 지진을 일으킬 수 있는 뜨거운 숨을 말한다. 기원전 300년, 테오프라스토스는 그의 저서『물과 바람, 폭풍우, 맑은 날씨의 징후에 대한 논설』에서 기상학 이론의 토대를 이루는 주요 요소들을 제시했다. 그에 따르면, 해가 뜨거나 질 때 하늘이 붉게 물들면 앞으로 비가 올 것으로 점칠 수 있고, 또 달무리가 지면 바람이 일 것이라고 했다. 아리스토텔레스를 계승한 그는 동물의 행동으로도 기상 변동을 예언할 수 있다고 했다. 가령, 어느 겨울 저녁 참새가 지저귄다면 날씨가 변한다는 것을 뜻한다고 하는 식이었다.

서양에서는 그리스도교가 비약적으로 발전하면서 기상

연구에 제동이 걸린다. 날씨는 하느님의 소관이므로 그 메커니즘을 파헤칠 권리는 누구에게도 없다는 믿음이 사회 전반을 지배했던 것이다. 그것이 인류의 운명을 향상시키기 위함이라 해도 말이다. 이렇듯 자연재해의 물질적 원인을 찾는 행위는 또다시 신성모독으로 간주되었다. 4세기 말, 롬바르디아 지방 브레시아 교구의 필라스트리우스 주교는 자신의 저서 『여러 이단적 교의들』에서 자연재해의 원인에 대한 연구는 모두 신성모독이라고 비난했다.

하지만 적어도 아랍−이슬람 세계에서는 기상에 대한 연구가 계속되었다. 10세기의 위대한 수학자이자 철학자이며 근대적 시각을 지닌 선구자였던 이븐 알하이삼이 사상 최초로 무지개 현상을 정확하게 설명한 것이 그 좋은 예다.

13세기가 되자 그리스도 교회는 날씨를 예측하고자 하는 욕망을 더 이상 반대할 수 없게 되었고, 이에 따라 기상학은 과학으로 자리 잡게 되었다. 그리고 새로운 관측 장비가 개발되면서 기상학은 유럽에서 비약적인 발전을 이루었다.

예를 들면, 1639년에 이탈리아의 과학자 베네데토 카스텔리가 발명한 우량계, 1641년 토스카나의 대공 페르디낭 2세가 개발한 습도계, 1643년 카스텔리의 제자이자 갈릴레이의 후임으로 플로렌스 궁중 철학자이자 수학자로 임명된 에반젤리스타 토리첼리가 만든 수은 기압계, 1664년 영국의 과학자 로버트 훅(뉴턴과 동시대의 과학자로 현미경을 발명하고 여러 과학기구를 만들었으며 '후크의 법칙'이라 불리는 탄성의 법칙으로 유명하다 – 옮긴이)이 개발한 풍속계가 대표적이다. 파스칼은 토리첼리의 학업을 이어받아 진공을 연구하여 고도에 따라 대기압이 감소한다는 사실을 확인했다. 또한 이와 같은 시기에 아일랜드의 물리학자인 로버트 보일과 프랑스의 물리학자인 에듬 마리오트는 온도가 일정할 때 기체의 부피는 압력에 반비례한다는 기체 압축의 법칙을 발표했다. 1748년에는 스코틀랜드의 알렉산더 윌슨과 토머스 멜빌이 연을 이용해서 최초로 대기 중에서 기상 측량을 했다. 1783년 자크 샤를(프랑스의 물리학자로 '샤를의 법칙'을 세운 주인공 – 옮긴이)은 열기구를 타고 고도 3,300미터까지 올라가 기상 측량을 실시하여 그 정확도를 높이기도 했다.

그 후 기상학은 전신의 발명 효과를 톡톡히 누린다. 전신 덕분에 기상 관측 내용을 여러 장소에서 동시에 공유할 수 있었기 때문이다. 이후로는 통계를 바탕으로 한 상관관계가 정확히 드러나게 되었지만, 원인에 대한 연구는 계속 진행되었으나 아무런 결과도 얻지 못했다.

시간의 가치:
투기와 예측

　　　　　인간의 시간, 즉 경험적 시간은 워낙 짧고 희소해서 점차 가치가 높아졌다. 재화의 희소성에 대한 가치를 돈으로 환산하게 되자, 시간의 희소성이 가지는 가치도 돈으로 매겨졌다. 이리하여 1세기가 되면서 시간과 돈이 동등한 가치를 지니게 되었다.

　좀 더 정확히 말하자면, 이 시기가 되자 권력자들은 더 이상 사취와 세금만으로 지출을 감당하는 것이 불가능해졌다. 이제 노예에게서 노역을 갈취하고 신자나 백성에게서 돈을 탈취하는 것만으로는 군대에 재원을 조달할 수도, 수도원이나 성당, 궁전을 지을 수도 없었다. 이제 그들은 돈을 받은 사람들에게 돈의 일부를 돌려주겠다는 약속을 해야 했고, 이에 따라 세금으로부터 신용이 탄생했다. 가장 먼저 선주船主와 군주에 대한 신용이, 그런 다음 각 개인들 간의 신용이 생기게 되었다. 어느 정도 자발적으로 돈을 빌려주려는 사람을 찾으려면 돈을 빌리는 사람은 이자를 쳐서 원금을 갚겠다는 약속을 했다.

하지만 그리스도교인이나 이슬람교인 중 돈을 빌려주는 대부업자가 되겠다는 사람은 아무도 없었다. 시간은 하느님에게 속한 것이므로 시간을 파는 것, 즉 이자를 주고 돈을 빌리는 것은 있을 수 없는 일이라 믿었기 때문이다. 뿐만 아니라 0퍼센트 이자로 빌리는 것도 안 된다고 여겼다. 이렇게 되면 빌려준 돈을 강탈당할 위험이 있었기 때문이다. 차용인을 절대적으로 신뢰하는 경우라면 모르지만 이는 충성으로 맺어진 좁은 공동체 안에서나 가능한 일이었다. 이러한 경우를 제외하고 돈을 빌려주는 사람은 빌려준 돈을 돌려받지 못할 위험과 돈을 빌려주는 기간 동안 자신이 그 돈을 쓰지 못해서 발생하는 손실을 상쇄하기 위해 이자를 받아야만 했다.

어떤 교리를 믿건 초기의 선원이나 선주, 상인들은 여행에 따르는 위험과 화물비용을 충당하고 관리해야 했을 것이다. 그래서 이들은 신앙 문제를 떠나 전적으로 실용주의를 바탕으로 한 신용 대출 메커니즘을 최초로 만들었다.

지상에서의 시간은 인간이 관장한다고 믿었던 유대교에서도 신속히 그 뒤를 따랐다. 유대인들은 아주 구체적으로 대출 시스템을 규정했다. 즉, 정직과 투명성이 보장된다는 조건이 충족되는 경우에는 비유대인들에게 이자를 받고 여윳돈을 빌려주는 것이 적법하다고 여긴 것이다. 이들은 적어도 기원전 4세기부터 대상과 선주에게 이런 방식으로 돈을 빌려주었다. 10세기가 시작될 즈음 정착 군주에게 돈이 부족해지기 시작하자, 수 세기 전부터 메소포타미아를 필두로 각지에 흩어져 살던 유대 공동체는 한곳에 정착해서 그들의 재원을 권력자들에게 빌려주도록 요구 또는 강요받았다. 먼저 9세기에 그들은 중동의 초기 이슬람 군주들에게, 10세기에는 유럽의 그리스도교 군주에게 자금을 빌려주었다. 이렇게 해서 유대인들은 다른 직업을 갖고 있더라도 돈을 빌려주겠다고 하면 그동안 거의 추방되다시피 했던 그리스도교 유럽 사회의 여러 군주와 도시로부터 부름을 받았다.

다른 유럽인들이 임금노동자로서 노동 시간에 대한 보수를 받기 시작하자 유대인들은 대부업자로서 재원을 사용한 시간에 대한 보수를 받기 시작했다. 따라서 그들은 적정 가격을 정하기 위해 돈을 빌려주는 사람의 상환능력을 평가하는 것뿐만 아니라, 더욱 포괄적으로 세상이 돌아가는 흐름을 예측해야 했다. 다시 말해 미래에 대해 '투기(또는 관측. 다음 문장의 내용처럼 영어 단어 speculation에는 관측과 투기의 의미가 모두 포함되어 있다. 즉, 투기를 위해서는 관측이 필요하다는 의미가 내포되어 있다고 이해된다 – 옮긴이)'해야 했다. 여기서 '투기자'라는 단어는 라틴어로 관측자, 정찰병, 스파이라는 의미다. 그러니까 투기자는 곧 시간을 정찰하는 스파이라는 뜻이 된다.

곧이어 유대인 말고 다른 사람들(롬바르디아인과 칼뱅주의자, 루터교도)도 이처럼 돈을 빌려주는 일을 하기 시작했는데, 처음에는 불법적으로 몰래 하다가 나중에는 시간에 대한 유대인들의 가치관을 이어받아 더욱 공개적으로 돈을 빌려주었다.

13세기가 되자 빌려준 돈을 터무니없이 강탈당할 위험은 거의 사라졌고, 대부업자는 이제 은행가가 되어 출신을 불문하고 유럽 전역에 자리 잡았다. 이들은 가능한 한 확실한 방법으로 미래를 예측하고 싶어 했고, 또한 시간의 가격을 최상으로 책정하기 위해 중요한 사건을 다른 사람들보다 먼저 알아내려고 모든 노력을 다했다. 누구보다도 먼저 무운武運을 알기 위해 전쟁터에 첩자를 보내기까지 하면서 수만금을 지출하는 식이었다. 이들은 어떤 때에는 남들보다 앞서서 미래를 파악하는 것에만 만족하지 않고, 자신들이 알아낸 사실과 다른 미래의 정보를 경쟁자들에게 흘려서 반사이익을 취하기도 했다.

이러다 보니 미래를 예측하는 일은 종교적·군사적 무기가, 그 이후에는 경제적 무기가 되었다. 1815년 6월, 영국의 은행가 네이든 메이어 로스차일드가 다른 영국인들보다 한발 먼저 워털루 전투의 결과를 알기 위해 유럽 대륙에 첩자를 보냈던 일은 유명하다. 워털루 전투는 여기서 영국이 승리할 경우 세계 최대의 경제 강국이 될 수 있고, 패배할 경우 영국의 파산을 초래할 수 있을 정도로 중요한 전투였기 때문이다. 영국민들보다 몇 시간 먼저 전쟁 소식을 들은 그는 런던 증시에서 자신이 보유하던 국채 중 일부를 노골적으로 매도하여 프랑스군이 승리했다는 루머가 돌게 만들었다. 그 결과 영국 국채 가격이 큰 폭으로 떨어지자 그는 즉시 비밀리에 아주 낮은 가격에 국채를 되샀다. 그리고 다음날 웰링턴 장군의 승전보가 알려지자 이를 다시 최고가에 되팔아 막대한 차익을 챙겼다.

또 다른 예도 있다. 1912년 4월 15일 새벽, 타이타닉호가 침몰했다는 첫 루머가 돌자 재보험 가격이 60퍼센트가량 인상되었다. 이후 금융정보사 익스체인지 텔레그래프 컴퍼니가 침몰 소식을 부인하자 인상폭은 25퍼센트로 감소했다. 하지만 타이타닉호의 보험사였던 로이드는 자사에서 소유하던 라디오 방송국으로부터 타이타닉의 운명에 대한 확실한 소식을 가장 먼저 전해 듣고 최저가에 재보험 증권을 다시 매수했다. 그 덕분에 로이드사는 가장 적은 비용으로 사태를 감당하고 큰 어려움 없이 타이타닉호 소유주와 희생자 가족들에게 배상금을 지급할 수 있었다.

역사의 흐름

예언의 시대가 저물어가던 18세기 말, 유럽에는 개인의 운명을 통제하고 예측하는 것뿐만 아니라 집단의 운명에 종교적 의미 그 이상을 부여하고자 하는 기류가 나타났다. 비록 집단의 운명을 조금도 바꿀 수 없다는 결론에 도달하기는 했지만 이런 움직임은 집단의 운명을 가속화하거나 지체시키려는 시도로 평가되었다. 인간은 사후의 삶에 대한 신학적 담론을 대신해서, 점차 지상의 삶을 사는 자신의 미래를 비종교적인 방식으로 성찰하게 되었다. 이제 '긴 시간'이라는 말은 영원이 아닌 역사를 의미하기 시작했다. 볼테르가 말한 '역사의 흐름'이 등장하면서 이제 과거는 미래를 이루는 한 측면이 되었다. 이와 반대로 미래가 과거의 한 측면으로 여겨지는 일은 더 이상 일어나지 않았다. 우주생성이론의 뒤를 잇는 거대한 반전이 역사라고 하는 낯선 연속체 안에서 일어난 것이다.

앞선 시대의 우주생성이론과 마찬가지로 이러한 학설도 대부분 인류의 진화를 단계별로 구분했다. 다만 이번에는 그 단계들이 물질적이고 현세적이었으며, 높은 권능을 지닌 존재의 개입을 전제로 하지 않았다는 것이 차이점이었다.

1798년에 이와 같은 역사의 흐름을 최초로 표현한 사람 중 한 명이 바로 영국 성공회 신부였던 토머스 로버트 맬서스다. 그는 자신의 저서 『인구의 원리에 관한 소론』에서 "모든 생명체는 식량자원 보유능력 이상으로 자신의 종을 증식시키려는 항구적인 경향"이 있다고 비난했다. 그에 따르면 인구는 25년마다 배로 증가하는 경향을 보이는 반면, 자연자원은 잘해봐야 산술급수적으로 증가할 수 있을 뿐이다. 그 이유는 "불모지는 노동과 시간을 투자해야만 개선될 수 있기 때문"이다. 그는 결론적으로 20세기 말이 되면 256명 중 아홉 명만이 굶주림을 모면할 수 있을 것으로 내다보았다. 이에 따라 "자녀를 출산하면 먹여 살릴 수도 없다는 두려움 때문에" 출생률이 떨어질 것이며, 질병과 비위생, 영양실조 같은 수많은 불행이 닥칠 것으로 전망했다.

그 후 19세기 중반이 되자 또 다른 역사 이론들이 등장했다. 알렉시스 드토크빌(프랑스의 정치학자이자 역사가. 대표적인 저서 『미국의 민주주의』는 미국 민주주의와 근대 민주주의를 객관적으로 관찰한 역작이다. 자유와 평등의 갈등, 민주주의의 본질에 대한 그의 사유는 현재까지도 유효하게 읽힌다고 평가된다 - 옮긴이)은 지구 전역에서 평등이 자유에 승리할 수밖에 없는 현실을 목격하게 될 것이라 예언했다. 그에 따르면 "이 같은 움직임은 이미 상당히 활발하게 진행되어서 중단시킬 수 없다. 하지만 아직까지는 이 움직임을 이끌 수 있다는 기대를 저버릴 정도로 빠르게 진행되고 있는 것은 아니다."라고 했다. 그는 평등을 자연과 본능에 속하고 자유는 기교와 과학에 속하는 것으로 인식했고, 장차 펼쳐질 민주주의 시대에도 자유는 여전히 인공적인 산물인 반면 "중앙집권제가 자연스러운 정부 형태가 될 것"으로 보았다. 달리 말하면, 조건을 엄격하게 평등화하면 일견 더 큰 정치적 자유를 가져다줄 것으로 보이지만 사실은 그렇지 않다는 말이다. 그 이유는 이와 같은 정치적 자유는 마치 '자유를 보장하는 제도'를 유지시키는 듯 보이는 '민주적 독재정치' 수립으로 이어지기 마련이기 때문이다. 그는 예측한 대로 자유가 평등에 패배한 것을 보면 인간의 미래를 결정하는 것이 무엇인지 알 수 있다고 했다.

몇 년 후, 오귀스트 콩트(프랑스의 실증주의적 철학자이자 사회학자 - 옮긴이)는 인류는 세 가지 상태를 연속적으로 지난다는 3단계 법칙을 주장한다. '신학적 또는 가상의 상태'인 첫 번째 단계에서 인간은 자신의 이해 범위를 넘어서는 현상에 의미를 부여하기 위해 가상의 창조물을 만들어내고 싶어 한다. '형이상학적 또는 추상적 상태'인 두 번째 단계에서는 가상의 창조물 대신 루소의 사회계약론 같은 추상적인 이데올로기를 창조해내길 원한다. 현재 우리가 도달해 있는 '과학적(그는 동시대 학 ㅣ들과 마찬가지로 '과학적'을 '실증적'이라는 용어와 동의어로 사   다고 한다 - 옮긴이) 또는 긍정적 상태'인 세 번째 단계에서   략과 행동 사이의 ㄱ' ┐를 이끄는 상위가치는 바로 진리다. ㅅ   ┕ 이성으   접근할 수 있으며, 자연의 법칙을 바탕으로 미래를 예측할 수 있게 해준다. "진정으로 긍정적인 사고는 자연법은 불변한다는 일반적인 교의에 따라 미래에 대한 결론을 도출하기 위해 현재의 것을 연구하고, 미래를 예측하기 위해 현재를 주시하는 데 있다."

이 시기에 칼 마르크스도 앞선 철학자들처럼 이성적인 방법으로 미래를 이해했으나, 토크빌과 달리 그는 자유가 승리할 것으로 전망했다. 마르크스는 미래가 계급투쟁에 의해 결정된다고 보았다. 역사가 모순적인 양태를 보이며 요동치는 가운데 계급투쟁을 통해 처음에는 자본주의가 승리한 후 뒤이어 자본주의가 실패하는 준엄한 결과가 야기된다는 주장이었다. 또한 사회적 상호작용이 사회의 모든 측면을 규정하고 각 계급마다 개개인의 운명을 결정한다고 말했다. 마르크스는 1848년에 『공산당 선언』을 발표하면서 미래의 모습을 기술했다.

"물질적 삶을 생산하는 생산방식에 따라 사회적·정치적·지적 삶의 과정이 포괄적으로 좌우된다. 인간의 실체를 결정하는 것은 인간의 의식이 아니다. 오히려 반대로 인간의 의식을 결정하는 것이 바로 인간의 사회적 실체다."

콩트를 비롯한 앞선 시대의 철학자들과 마찬가지로 마

르크스 역시 역사가 단계를 거치며 진화한다고 믿었다.

그러나 그가 이야기하는 역사의 단계는 달랐다. 봉건주의와 자본주의를 거친 다음 사회주의 단계를 밟고 공산주의에 이른다고 본 것이다. 그에 따르면 몇몇 사람의 의지가 작용한다거나 어떤 한 나라 안에서만(그는 이런 시도를 비난했다) 이런 단계를 거치는 것이 아니었다. 억제할 수 없을 정도로 전 세계가 자본주의화되어 지구상에 있는 이익의 원천을 모두 고갈시키면 그다음 단계인 사회주의로 이행된다는 주장이었다. 따라서 그는 이러한 움직임을 반대하거나 다른 쪽으로 방향을 전환하려고 해서는 안 된다고 했다. 필연적으로 역사는 자본주의와 사회주의를 거쳐 절대적인 풍요와 전적인 자유가 보장되는 사회인 공산주의로 진보해나갈 것이기 때문이다. 그에 따르면, 심지어 정치도 계급투쟁이라는 동력으로 진보하는 역사의 흐름을 저지할 수 없기에 거의 아무 소용이 없다. 그는 『정치경제학 비판 요강』에서 이렇게 덧붙였다. "미래사회의 계획을 짜는 자는 누구든 반동분자다."

반면 이와 동시대를 살았던 찰스 다윈은 인간이 자신의 미래에 아무런 영향을 줄 수 없다는 사상을 완전히 다른 방식으로 풀어나갔다. 그는 미래가 사회적 상호작용에 의한 것이 아닌, 신의 의지의 표현과는 전혀 무관한 필요와 우연이 복합적으로 작용하여 결정되는 것이라고 보았다. 따라서 우리는 진화를 이해할 수는 있어도 진화에 영향을 미칠 수는 없다. 그러니까 어떤 신체적 특징이 종의 생존과 번식에 유리한 형질을 지닌다면 이 특징은 필연적으로 빌진해서 전체로 퍼지게 될 것이다. 반면 우연히 발생하는 돌연변이는 일반적으로 다양성을 낳고 새로운 형질이 나타나는 데 기여하는 역할을 한다. 원래의 환경에 가장 잘 적응했던 종이 예기치 못했던 위기가 닥쳤을 때 반드시 살아남는 것은 아니다. 예전에는 아무짝에도 쓸모없고 심지어 해롭기까지 했지만 새로운 환경에서는 결정적으로 중요해진 형질을 지닌 종이 생존에 성공하게 된다.

이후로 수많은 유사한 이론들이 만들어졌다. 이들은 각기 사회주의와 파시즘, 나치즘, 공산주의, 근본주의, 자본주의, 민주주의가 필연적으로 최종 승리할 수밖에 없다고 주장했다. 최근 사회주의의 승리가 불가피하다고 예언한 사람들 가운데에는 1945년에 이런 예언을 했던 오스트리아 출신 경제학자 조지프 슘페터가 있다. 훗날 미국으로 망명한 그는 장차 관료주의로 변질된 자본주의가 스스로 자살을 택할 것이라 내다보았다. 그에 따르면, 세계는 '원시자본주의'(고대~13세기)에서 '초기 자본주의'(11~15세기), '상업적 자본주의'(15~18세기), '순수 자본주의'(19세기), '조절 또는 구속적 자본주의'(20세기 초~1945년)를 거쳐 마지막으로 '유도된 자본주의'에 이른다고 한다. 또한 '유도된 자본주의'는 심리적·정치적·윤리적 변화를 야기하고, 사회를 관료화하며 기업가정신을 파괴하여 사회주의를 지향한다고 한다.

1990년대 초 소비에트연방이 붕괴되기 전까지만 해도 전 세계에는 공산주의가 필연적으로 승리한다는 생각이 지배적이었지만, 그 후로 이런 생각은 자취를 감추었다. 사회주의가 인류의 '찬란한 미래'가 되리라는 예상은 이제 깨져버렸고, 오히려 자본주의와 민주주의가 필연적으로 승리한다고 예언하는 사람들이 생겨났다. 가령, 미국의 프랜시스 후쿠야마 교수는 가까운 미래에 세계 전체에 자본주의와 민주주의가 보편화되어, 후속된 역사에서는 독재체제가 점차 모두 붕괴될 것으로 내다보았다.

예측 능력
훈련법

세상의 혼돈이 심해지는 가운데 10세기를 지나면서부터, 서양에서는 이성적인 방식으로 미래를 예측하는 법을 배우려는 욕구가 은행가와 기상학자뿐만 아니라 종교와 무관한 상인 엘리트층 전체에 급속도로 확산되었다. 각계각층의 백성들 역시 미래 예측을 위해 그들만의 특별한 기법을 조금씩 개발함과 동시에 군주들이 보유하고 있던 기법도 점차 가로채서 사용했다. 자신을 기다리고 있는 앞날을 예측하고 싶어 하는 사람들은 점점 늘어났다. 더 이상 그들은 점성가나 점쟁이, 손금쟁이를 믿지 않았고 그 대신 자신의 이성적인 예측 능력을 갈고닦

고자 노력했다. 당시에는 어떤 학교에서도 '자신의 미래를 예측'하는 지난한 기술을 가르쳐주지 않았기 때문에, 미래 예측에 필요한 추론 방식을 모의실험하려면 간접적인 방법을 사용해야 했다. 게임, 음악, 문학, 유머가 바로 그 주인공이다.

전략게임

많은 전략게임이 군주의 지루함을 달래주기 위해, 혹은 군주의 시간 보내기용으로 발명된 것이라는 이야기가 있다. 하지만 사실 내가 보기에 전략게임은 무엇보다도 미래 예측 기법을 학습하는 과정인 것 같다. 전략게임을 통해 모의전술을 세우고, 상상의 미래를 경험하고, 리스크를 평가하며, 우발적인 상황이 발생할 때마다 적절한 답을 구하는 법을 배울 수 있기 때문이다.

우선, 브리지나 휘스트 같은 여러 카드게임이 여기에 해당한다. 카드게임에서의 승패는 플레이어 자신이 가지고 있는 정보와 다른 플레이어가 가지고 있다고 짐작되는 정보를 바탕으로 해서 상대 플레이어가 어떻게 할 수 있고 어떻게 할 것인지를 예상하는 능력에 달려 있다. 특히 옥션 브리지 게임이 그렇다. 브리지 게임은 모든 가정하에서 인과관계의 논리적 맥락을 어떻게 생각할 것인지, 분배된 패에 따라 각각의 상황이 발생할 가능성을 어떻게 고려할 것인지 배울 수 있는 훌륭한 방법이다.

체스게임도 같은 역할을 한다. 전설에 따르면 페르시아 왕자의 지루함을 달래기 위해 만들어진 이 게임은 실제로는 인도의 군사전략게임 차투랑가를 계승한 것이다. 산스크리트어로 '4 구성원'이라는 의미를 지닌 이 게임명은 인도군의 4개 부대, 즉 보병부대, 전차부대, 기병부대, 코끼리부대를 뜻한다. 모의전략을 가르치는 이 게임을 익히면 상대편의 반응을 예상하는 법을 배울 수 있다. 10세기 말, 이 게임은 페르시아를 거쳐 아랍 세계로 건너갔고, 그 후 14세기에 유럽으로 전파되어 순식간에 고위계급 사회 전반에서 유행했다. 체스는 처음 유럽으로 도입된 후 2세기가 지나자 이제는 군사전략게임이 아닌 미래 예측 게임으로 자리 잡았다. 이때부터 체스판은 중세 도시와 그 도시를 구성하는 다양한 사회계층을 나타냈다. 이렇게 해서 귀족계층은 체스를 두면서 자신에게 일어날 일을 예상하는 방법을 배웠다. 카드게임과 마찬가지로 체스 역시 다양한 미래의 가능성을 모의로 실행하여 이를 탐구하는 법을 배울 수 있는 훌륭한 교과서와 같다. 특히 유사한 부분을 모두 파악하기 위해 기억력을 동원하고, 상대방이 내놓을 수 있는 반응을 모의로 실험하기 위해 이성을 활용하는 게임이 체스다. 보통 체스를 잘 두는 사람은 여섯 수를 앞서서 둘 줄 알아야 한다고 알려져 있다. 자신과 관련된 미래의 사건들을 예상하고자 하는 사람이라면 바로 이렇게 할 수 있어야 한다.

운수를 건 승부 중에도 시간을 통제하는 법을 학습하게 하는 것도 있다. 17세기에 페르마와 파스칼, 하위헌스(네덜란드의 천문학자이자 물리학자. 토성의 위성 타이탄을 발견하고 빛의 파동설을 주장했음 – 옮긴이) 등은 이런 게임 이론을 발달시켰고, 이 같은 이론 덕분에 사람들은 승리에 대한 기대치를 이성적으로 추산하고 잃을 위험도 추론할 수 있게 되었다. 가령 동전 던지기를 할 때, 동전 뒷면이 연속해서 다섯 번 나오는 데 돈을 거는 것이 합리적이려면 그렇게 되었을 때 받을 수 있는 돈이 처음 판돈의 32배 이상은 되어야 한다. 동전 뒷면이 연속해서 다섯 번 나올 확률이 32분의 1이기 때문이다. 이를 통해 어떤 경우에는 아주 불가능해 보이는 사건, 예를 들면 동전 뒷면이 연속해서 다섯 번 나오는 것과 같은 경우도 결국에는 일어난다는 사실을 알게 된다. 비록 그 사건이 일어날 가능성이 거의 0이라 하더라도 말이다.

예를 들면, 원숭이가 이 책의 내용을 정확하게 타이핑하는 일이 일어날 확률이 매우 희박해서 아주 오랜 시간이 걸린다 하더라도, 결국 타이핑에 성공하리라는 사실은 확실하다. 이러한 확률이론 덕분에 체스에서 주사위 놀이에 이르기까지 각각의 돌발사건이 일어날 가능성을 계산함에 따라 예측과정을 크게 개선할 수 있게 되었다.

20세기 전반기에는 프랑스의 수학자이자 정치가, 과학자인 에밀 보렐, 컴퓨터 중앙처리장치의 내장형 프로그램을 처음 고안한 것으로도 유명한 헝가리 출신 미국 수학자 존 폰 노이만, 독일 출신 미국의 경제학자 오스카 모르겐슈테른, 노벨 경제학상을 수상한 미국의 수학자 존 내시가 게임이론을 주창했다. 게임이론은 선택과 우연에 직면한 인간의 행동을 합리적으로 설명하고, 사건이 발생할 가능성에 따라 사건의 논리적 연속의 결과를 분석하여 개개인이 최상의 결과를 얻을 수 있는 전략을 제안하는 이론이다.

게임이론을 명확하게 설명해주는 가장 유명한 전략게임 중 하나가 바로 죄수의 딜레마다. 여기서 두 죄수는 서로 의사소통을 할 수 없는 상황에서 서로 협력할 것인지 아니면 상대를 배신할 것인지 동시에 결정해야 한다. 게임이론에 따르면 서로 협력하기로 선택할 경우에는 두 사람 모두에게 좋은 결과가 나오지만, 반대로 서로 배신하기로 한다면 두 사람 모두에게 나쁜 결과가 된다. 만약 둘 중 한 명만 배신하고 다른 한 명은 협력하기로 한다면 배신자는 두 사람 모두 협력했을 때와 달리 바로 풀려날 수 있지만, 배신당한 사람은 두 사람이 서로를 배신했을 때보다 더 불리해진다. 따라서 게임이론으로 보면 이 경우에는 두 죄수 모두 상대방을 배신하지 않는 것이 최선임을 알 수 있다.

음악

지금껏 음악을 미래 예측과 관련지어 분석했던 적은 없었지만 사실 음악 역시 미래 예측 기술을 배우는 학습기법

중 하나다(프란시스 울프의 작업을 통해서 극히 최근 들어서야 이런 시도가 있었다).

그 첫 번째 이유는 음악 그 자체가 가능성의 범위를 탐색하는 작업이고, 다른 사회분야보다 더 빨리 변화하면서 다른 영역에서 일어날 수 있는 일의 본질을 드러내기 때문이다. 그래서 각 민족의 음악을 듣다 보면 미래에 대한 그 민족의 태도를 파악할 수 있다. 한 민족의 음악이 반복적일수록 그 민족은 과감하게 미래를 생각하고 새로운 것을 긍정적으로 받아들일 준비가 되어 있지 않다고 해석된다. 나 역시 음악을 연구함으로써 매우 다양한 맥락에서 가장 정확하게 미래를 예측할 수 있었고 지금도 계속 그렇게 하고 있다.

두 번째 이유는 음악은 다양한 구성단위를 들을 준비를 하고 있는 감상자가 시간의 흐름에 따라 이 구성단위가 어떻게 연속될지 예상하는 즐거움을 느끼도록 구조화되어 있기 때문이다. 따라서 하나의 작품을 감상하는 것은 하나의 가상 미래를 온전히 경험하는 것과 같다. 때때로 가장 단순한 음악형식에서는 모티브가 반복되어 예측을 반감시키는가 하면, 반대로 대작의 경우 그 작품의 토대를 이루는 규칙 안에서 수많은 경이로움이 드러나기도 한다. 음악 작품을 분석하다 보면 시간에 대한 이해력이 생긴다.

세 번째 이유는 한 음악작품을 다시 들을 때 우리는 이미 경험했던 시간을 다시 경험하면서 이미 탐색했던 미래를 다시 경험하는 기쁨을 누리기 때문이다.

이렇듯 음악작품은 감상자가 감상을 통해 현실적인 동시에 가상적인 미래를 경험할 수 있게 해준다.

문학

모든 소설의 핵심도 미래에 대한 예측에 있다. 소설을 읽는 독자는 작가가 줄거리를 어떻게 발전시킬 것인지 고민하고 예상하는 상황에 놓이기 마련이다. 게다가 작품 속에 나오는 등장인물들 역시 자신의 운명을 개척하기 위해 미래를 예측하고 계획을 짜는 시간을 보내는 경우가 많다.

이는 『오디세이아』 이후로 변함이 없다. 이 작품의 주인공은 집으로 돌아가기 위해 미래를 예측하고 다가올 위험을 추산하는 데 대부분의 시간을 보낸다. 가령, 키클롭스의 일화에서 오디세우스는 "동료들 중 가장 뛰어난 열두 명"과 함께 포도주가 든 "커다란 가죽부대" 하나를 가지고 키클롭스의 섬에 상륙한다. "조금 전 그는 괴력을 지녔으나 정의나 법을 모르는 야만스러운 사람이 나타날 것임을 (자신의) 위대한 심장으로 예감했기 때문이다." 키클롭스의 동굴에 갇힌 오디세우스는 가장 좋은 탈출 방법을 모색한다. "나는 나와 내 동료들이 죽음을 모면할 수 있는 가장 확실한 방법을 찾기 위해 깊이 고민했다. 나는 온갖 계략과 계산을 했다. 목숨이 달린 문제였고, 자칫 큰 불행이 닥칠 수도 있었기 때문이다."

문학에는 예언이 일찍이 등장했다. 16세기 프랑스의 풍자소설가 라블레가 쓴『가르강튀아』를 보면, 그랑구지에 왕국을 공격하는 왕 피크로숄이 전쟁에서 패한 후 한 점쟁이를 만나는 장면이 나온다. 점쟁이는 그에게 "상상의 새 코크시그뤼가 돌아올 때 그의 왕국을 되찾는다"고 예언한다. 그는 절대로 이 예언을 의심하지 않고 "리용에서 가난한 노동자"가 되어 평생 날마다 코크시그뤼가 돌아오기만을 기다린다.

셰익스피어의『맥베스』에서 주인공 맥베스는 극 초반에 세 마녀를 만난다. 마녀들은 "글래미스의 영주(줄거리로 보아 당시 그의 진짜 신분) "코더의 영주" "장차 왕이 될 자"라며 그를 세 가지 이름으로 부른다. 그러면서 맥베스의 동료 반코에게는 그가 왕을 낳을 것이라고 예언한다. 얼마 지나지 않아 맥베스는 왕의 결정에 따라 코더의 영주에 임명된다. 예언 내용에 마음이 혼미해진 맥베스는 왕을 암살하고 왕좌에 오른 다음, 마녀들의 예언이 이루어질까 두려워 반코마저 암살한다. 결국 맥베스는 세 마녀에게 도움을 간청한다. 마녀들은 "버넘 숲이 그를 향해 진군하지 않는 이상" 그가 왕좌를 잃지 않는다고 예언한다. 그리고 "여인에게서 태어난 사람은 맥베스를 해칠 수 없다."며 그를 안심시킨다. 그런데 왕좌를 되찾으러 온 군대는 버넘 숲에서 잘라낸 나뭇가지로 위장해서 몸을 숨기고, 맥베스는 "달이 차기 전에 어머니의 배를 가르고 나온" 맥더프와의 결투에서 죽는다. 아무리 자유롭다 하더라도 자기 운명의 화살을 피할 수 있는 군주는 없다.

18세기가 되자 이성을 바탕으로 한 예측이 이야기의 줄거리에 정착하게 되었다. 이런 경향은 마리보를 필두로 해서 사랑 이야기를 다루는 희곡(여기서는 상대방을 유혹하려면 그의 행동을 예측하는 법을 배워야 한다)과 디드로를 시작으로 한 부르주아 소설(여기서는 서로의 야망과 예측, 이를 실현하기 위한 전략을 이야기로 풀어간다)에서 나타났다.

발자크의 경우도 마찬가지다. 미래를 작품의 주제로 삼은 소설 『나귀 가죽』에서 라파엘은 폴린느를 만났을 때 그녀의 감정이 어떨지 궁금해한다. "그녀가 날 사랑할까?" 그런 다음 그녀의 행동을 분석한다. "그녀는 순수하고 천진난만한 모습을 하고 있으니, 내 마음과 마찬가지로 그녀의 마음을 읽을 수 있으리라 생각해서 그녀를 관찰했다." 또한 『고리오 영감』에 나오는 고리오 영감은 "곡물의 수확량이 풍부한지 아니면 부족한지 예상하고 곡물 가격을 예측하는" 능력이 있어서 곡물상으로 큰 재산을 모을 수 있었다.

공상과학 문학은 한 걸음 더 나아가서 가능성의 영역을 탐구하고 독자가 미래를 상상하는 법을 터득하도록 도와주는 역할을 뚜렷이 수행했다.

18세기에 공상과학이라는 형식의 문학이 처음 등장할 때부터 이 문학 장르는 실제로 일어날 법한 현실을 연출하는 새로운 성찰 방식을 만들어냈다. 그리고 때로는 위대한 통찰력으로 미래를 예측하는 데 성공하기도 했다. 예를 들어 1727년에 출간된 『걸리버 여행기』의 3부를 보면, 공상 과학, 즉 SF 문학의 선구자 중 한 명으로 꼽히는 저자 조 너선 스위프트가 하늘에 떠 있는 도시 라푸타를 묘사한 대 목이 나온다. 여기서 그는 이곳의 천문학자들이 화성 주위 를 돌고 있는 두 개의 달을 언급한 내용을 담았는데, 이것 은 우리가 실제로 화성의 달 포보스와 데이모스를 관측하 기 무려 150년 전의 일이었다.

그로부터 1세기 반이 지난 후, 쥘 베른은 간혹 괄목할 만큼 정확하게 미래의 모습을 상상해낸 공상과학 소설을 발표했다. 특히 그가 소설 속에서 묘사한 여러 기술은 그 것이 실제로 등장하기 무려 100년 전에 그려진 것이다. 가 령, 1865년 작품 『지구에서 달까지』에 등장한 상상의 태양 광 범선은 실제로 2010년 일본에서 시험 발사되었다(일본 우주항공연구개발기구가 2010년 5월에 발사한 우주범선, 이카로스 를 가리킨다. 태양광을 연료로 삼기 때문에 기존 우주선과 달리 연 료를 싣지 않아도 되었다 - 옮긴이). 이 밖에 현재 널리 활용되 고 있는 화상회의도 1889년에 출간된 단편소설 『2889년 의 어느 미국 기자의 하루』에서 묘사되었다.

은행카드 또한 1888년에 발표된 에드워드 벨러미의 소설 『회고: 2000년에서 1887년까지』에 가상의 물건으로 등장했다. 또한 19세기 말 프랑스의 화학자 마르슬랭 베르틀로가 묘사한 2000년의 모습은 놀라울 정도로 정확했다. 오늘날 널리 사용되고 있는 이어폰은 1953년에 레이 브래드버리가 그의 소설 『화씨 451』에서 묘사한 것이다. 그 후로 로버트 하인라인의 『낯선 땅의 이방인』, 필립 K. 딕의 『마이너리티 리포트』, 올더스 헉슬리의 『멋진 신세계』, 해리 해리슨의 『좁다! 좁아!』, 아이작 아시모프의 『파운데이션』, 버나드 울프의 『림보』 등 오늘날 쟁점이 되는 문제들을 깊이 생각하게끔 하는 소설들은 수없이 많이 나왔다.

오늘날 공상과학 문학의 바통을 이어받은 영화는 미래에 대해 생각하는 법을 배울 수 있는 훌륭한 교재가 되었다. 멜리에스가 공상과학 영화를 처음 만들고 얼마 지나지 않아 많은 작품들이 쏟아져나왔다. 그중에서도 프리츠 랑 감독의 〈메트로폴리스〉, 스탠리 큐브릭 감독의 〈2001: 스페이스 오디세이〉, 리차드 플레이셔 감독의 〈소일렌트 그린〉, 리들리 스콧 감독의 〈블레이드 러너〉, 앤드루 니콜 감독의 〈가타카〉, 자코 반 도마엘 감독의 〈미스터 노바디〉, 스파이크 존즈 감독의 〈허Her〉, 크리스토퍼 놀란 감독의 〈인터스텔라〉 등을 꼽을 수 있다. 일반적으로 영화는 보편적인 방식으로 우리에게 미래를 예상하는 법을 알려준다. 하지만 등장인물의 미래가 관객이 기다리거나 두려워하는 사건의 발생에 달려 있는 서스펜스 영화처럼 때로는 참을 수 없는 방식으로 가르쳐주는 영화도 있다.

유머

사람들이 웃자고 나누는 출처 미상의 일화들 역시 상황에 따라서는 미래를 예측하는 법을 배울 수 있는 방편이 되곤 한다. 특히 약자들이 주고받는 이야기들 가운데에는 큰 노력을 들이거나 공포감을 조성하지 않으면서도 그들이 감수할 위험을 예측하고 경계를 늦추지 않도록 가르쳐주는 것이 있다. 이런 부류에 해당하는 이야기들 중에서 동유럽의 이디시 유머는 전통적인 모습을 재미있게 풍자하고 있다.

때는 1930년대의 어느 날, 로즈에서 바르샤바로 가는 열차 객실에 한 젊은이가 올라탄다. 그는 성경을 읽으며 근엄하게 앉아 있는 한 노신사의 옆자리에 자리를 잡은 다음 그에게 묻는다. "실례지만 지금 몇 시인지 여쭤도 될까요?" 그러자 그 노신사가 한참 동안 그의 얼굴을 뚫어지게 쳐다보더니 "아니, 안 된다오."라고 대답하고는 다시 성경을 읽기 시작한다. 어안이 벙벙해진 젊은이는 잠시 주저하더니 뭔가 오해를 산 것이 틀림없다고 판단하고 다시 같은 질문을 던진다. 그러나 돌아오는 것은 똑같은 대답. "안 되오!" 15분쯤 지나자 젊은이가 다시 용기를 내어 묻는다. "그렇다면 왜 저에게 시간을 알려주지 않으시려는지 그 이유라도 말씀해주시겠습니까?" 이 말에 노신사는 한숨을 내쉬더니 성경을 덮고 그 이유를 설명하기 시작한다. "내가 몇 시인지 알려주면 우리는 대화를 시작하게 될 테고, 그러다 보면 내가 어떤 사실을 알게 되겠소? 분명 나처럼 당신도 유대인이며, 로즈에 살고 있고, 내가 사는 바르샤바로 가는 길이라는 것을 알게 될 거요. 그리고 오늘이 금요일이니 나는 혼자인 당신을 안식일 저녁식사에 초대해야 할 거요. 그러면 당신은 우리 집에 와서 내 아내와 딸을 만나게 될 텐데 내 딸이 워낙 예쁘기 때문에 당신은 내 딸한테 반할 것이 틀림없고, 나한테 딸아이와의 결혼을 허락해달라고 할 거요. 그런데 당신은 내가 손목시계 하나 살돈 없는 남자에게 내 딸과의 결혼을 허락할 것 같소?"

지금까지 미래를 예측하는 법을 습득하는 방법을 소개했지만, 오늘날에는 더 이상 이런 방법만으로는 충분하지 않다. 모든 것이 삐걱거리게 되었고, 역사의 흐름은 하나같이 예측을 비껴갔다. 자본주의건, 사회주의건, 민주주의건, 시장이건, 예상했던 방향대로 진행된 것은 아무것도 없었다. 이제 세상은 점점 예측하기 어려워진 것이다. 다시 봄이 돌아온다는 약속은 지켜지지 않았다. 이제 게임이나 영화, 음악, 유머만으로는 미래를 예측하는 법을 배울 수 없다. 모든 것이 한없이 복잡하고, 상호의존적이고, 불안정하고, 변덕스러워졌으며, 점점 많은 요인들이 미래에 지대한 영향을 끼칠 수 있게 되었기 때문이다.

자유와 환상에 취한 대부분의 인간은 더 이상 다른 사람이나 미래를 걱정하지 않은 채 체념하고 현재를 살아간다. 이제 영원은 그들의 안중에 없고, 심지어 자신이 살아갈 얼마 남지 않은 시간에 대해서도 그들은 생각하려 들지 않는다. 인간은 자신이 죽음을 면치 못하는 유한한 존재라는 사실을 망각한 채 부조리한 위희慰戲에 빠져 있다. 본질적인 문제를 외면하게 하는 유희적인 활동을 말하는 위희는 수많은 미래 분석 연구에 영향을 끼친 블레즈 파스칼이 이론화한 개념이다. 인간들은 이제 그들의 미래 변화를 예언하는 책무를 기계에 맡긴 채 자신이 갇혀 있는 감옥의 벽 안에 머물러 있다.

PART
3

우연을 통제하다
: 기계의 권능

―――――

　　　　오늘날 역사가 합리적인 흐름으로 진행
된다고 믿는 사람은 이제 거의 없다. 적어도 서양에서는
그렇다. 그 흐름이 어느 쪽을 향하든 말이다. 저마다 세상
의 운명을 점점 예측하기 어렵다고 보거나, 다양한 구름이
지평선을 뒤덮고 있다고 생각한다. 개인의 자유가 확산될
수록 미래를 간파하기가 더 어려워진다는 사실도 모두 인
정하는 분위기다. 점차 많은 개인들이 점점 더 상호의존적
이 되어가는 현상은 지구 전체적인 차원에서 긍정적이건
부정적이건 지대한 영향력을 발휘하게 되었다. 뿐만 아니
라 언제든 이들이 인류의 운명을 이쪽으로든 저쪽으로든

요동치게 할 수 있다는 사실도 확인되고 있다.

또한 자료가 급증하고 자료의 변동이 지속되면서 평균값을 산출하게 되고 독재자처럼 현재가 지배하는 세상이 되었다. 그리고 이런 상황은 순전히 통계적인 방식으로만 설명이 가능해졌다. 당연한 일이지만 이런 확률적 지식이 발전하면서 사람들은 미래를 예측할 때 이 지식을 활용할 수 있겠다는 생각을 하기 시작했다. 우연이 인간을 지배했던 그때 그 시절처럼 말이다. 물론 과거와는 다른 방식이지만 우연과 미래의 관계는 이렇게 다시 부각되고 있다.

예전에는 합리적인 예측 이론으로 현상의 원인을 규명하고 그것을 바탕으로 미래를 예측하려 했지만, 이제는 그 대신 상관관계에만 초점을 맞춘다. 즉, 자료에서 제공되는 변동값 사이에 어떤 관계가 있는지를 찾는 데만 골몰하고 더 이상 왜 그런 관계가 도출되었는지는 설명하려 들지 않는 것이다. 이처럼 인과관계에서 상관관계로 무게중심이 옮아감에 따라 미래를 예측하는 방향 역시 새로 설정되고 있다.

이 모든 것은 확률적 지식의 변화와 함께 시작되었다. 한 세기 전부터 확률은 시간의 개념 자체가 완전히 전복되는 데 기여했다. 다시 말해 확률은 시간을 수많은 동시적 현실과 가능성 있는 미래로 녹여냈다. 이제 합리적이고 직관적인 인과관계는 어떤 것에도 적용되지 않는다. 알버트 아인슈타인은 1905년에 발표한 논문 「움직이는 물체의 전기역학에 관하여」에서 (1887년 미켈슨과 몰리의 실험으로 증명된) 광속 불변의 법칙을 바탕으로 공간의 관성좌표계(아무런 힘을 주고받지 않는 물체가 정지해 있거나 같은 속도의 직선운동을 하는 상태로, 관성계라고도 함 – 옮긴이)는 각기 고유한 시간의 관성좌표계를 갖는다고 결론 내렸다. 이를 달리 설명하자면, 여행 기간은 이 기간을 측정하는 사람들에 대한 여행자의 상대적 운동에 달려 있다는 말이다. 이것이 바로 '특수상대성이론'이다. 현실이 직관의 허를 찌른 셈이다. 예를 들어 쌍둥이 중 한 명은 지구에 남아 있고 다른 한 명은 광속에 가까운 속도로 성간여행을 떠난다면, 이 두 사람은 나중에 다시 만났을 때 나이가 달라진다. 즉, 관성좌표계를 바꾸지 않고 지구에 그대로 남았던 사람의 나이가 더 많아지는 것이다. 일반상대성이론(특수상대성이론을 고려한 중력이론)은 특수상대성원리를 이해하기 위해 질량과 시간 사이에 비직관적인 관계를 설정해야 한다는 결론을 내렸다. 이를 달리 말하면, 질량이 커질수록 시공간은 이 질량 근처에서 더 많이 휘어지며 시간은 이곳을 (상대적으로) 더 느리게 지난다는 이야기다.

이렇게 되면 시간(과 함께 미래)은 상대적인 현실이 되기 때문에, 유일한 하나의 과거로부터 일방적으로 미래를 추론하는 것도 더 이상 기대하기 어려워진다. 따라서 인과관계는 이제 미래를 파악하는 열쇠가 되지 못한다.

실험을 통해 이 이론을 입증하려면 이제 원인이 아닌 결과에 관심을 가져야 한다. 증명해내는 것은 더 이상 문제가 아니고, 사물 사이의 상관관계를 찾고 거기서 이론을 이끌어내는 것이 관건이 된 것이다. 직관적인 것과는 가장 거리가 먼 이론까지 말이다.

수학적 모형: 시뮬레이션, 예측 그리고 예언

우리가 사는 세상을 불확실성과 불확실한 행동으로 가득한 바다라고 가정할 때, 지금은 바로 그런 방황하는 모습들이 모여 만들어진 새로운 안정적인 미래가 저 멀리 수평선 위로 떠오르는 때에 해당한다. 이 새로운 미래의 모습은 마치 억누를 수 없는 파도처럼 전진하며 부풀어 오른다. 인류는 이미 과거 2세기 전부터 미래의 원인을 과거로 설명하려 애써왔지만 더 이상은 아니다. 심지어 인류는 복잡하고 비직관적인 방식으로도 미래의 원인을 규명하려 들지 않고, 그저 총량 사이의 상관관계를 따지는 놀음만으로 미래의 추세를 연구할 뿐이다. 그 덕분에 기계는 계산능력이 향상되면서 꾸준히 발전했고, 무어의 지수적 성장법칙에 따라 반도체 집적회로의 성능은 18개월마다 두 배로 향상된다. 각 개인의 행동은 얼핏 비정형적으로 보일 수 있지만, 그런 행동들 사이의 상관관계를 파악해내는 임무도 이제는 기계가 맡아서 한다. 다시 말해 기계가 개인의 행동에 관한 자료를 모으고 분석하여 그 자료들 사이의 지속적인 관계구조를 찾아낸 다음, 이를 바탕으로 새로운 방식으로 미래를 예측하는 것이다. 이렇게 기계를 통해 얻은 결과는 워낙 정확도가 높고 예상을 비껴가는 경우가 없기에 이제는 미래를 예측하는 것을 넘어 예언하는 경지에 이르렀다고 할 수 있다.

초기 경제모형이 만들어지면서부터 인간은 이처럼 기계를 이용해 미래를 예측하기 시작했다. 당시의 경제모형은 분석도구인 동시에 시뮬레이션도구이자 예측도구였다. 수학은 일찍부터 경제모형에 사용되었는데, 사실 수학 자체도 현실세계를 보여주는 하나의 모형이다. 그 후 수학을 바탕으로 한 경제모형에 현실을 경험적으로 측량하는 통계가 도입되어 상관관계를 따지는 방향으로 길이 열렸다. 하지만 이후로도 이것을 인과관계라고 표명한 담론 탓에 상관관계를 상관관계라고 하지 못한 채 그 정체는 한동안 은폐되어 있었다.

이러한 경제모형은 18세기부터 등장하기 시작했다. 최초의 모형 중 하나로 꼽히는 것이 바로 1758년 프랑스의 경제학자이자 의사였던 프랑수아 케네가 구축한 모형이다. 그는 '경제표'를 작성하여 그보다 1세기 전 영국인 의사 윌리엄 하비가 기술한 혈액 순환 모델에 의거, 국가 경제 안에서 이루어지는 자원의 순환에 관해 기술했다. 즉, 국민을 세 계급('생산적 계급' '비생산적 계급' '지주계급')으로 구분하고 그들 사이에 일어나는 재화의 이동을 보여주었다. 하지만 그가 설정한 경제모형에서는 시간을 변수로 삼지 않았고 이에 따라 시뮬레이션을 만들 수 없었기 때문에 대체 가능한 시나리오를 기술 혹은 예측할 수 없었다. 게다가 당시에는 자료를 수집할 방법이 없었을 뿐더러 설사 수집했더라도 이를 통합하여 분석할 수 있는 기계가 없었기 때문에 그가 제시한 모델은 순전히 이론적인 수준에 머물렀다.

이후 1874년 프랑스 경제학자 레옹 발라가『순수경제학요론』을 발표하면서 '개념의 계량화'에 일대 도약이 이루어졌다. 그는 이 저작에서 개별 생산자와 소비자 사이의 경제관계 모형을 만들었고 자원, 즉 자본과 노동을 배분하고 가격을 결정할 때 이들 각자가 수행하는 역할도 규정했다. 그는 시장경제체제에서는 순수하고 완벽한 경쟁이 가능할 때 최상의 자원배분이 이루어진다는 사실을 증명하고자 했다. 그러나 발라의 경제모형에서도 시간은 여전히 변수로 고려되지 않았기 때문에 이 경제모형 역시 모의실험을 하거나 예측하는 데 사용할 수 없었다. 다만 실제시장과 이론적으로만 존재하는 순수하고 완벽한 시장이 지나치게 괴리되어 있어서 그 결과로 발생하는 생산요소의 불완전고용을 상상하는 데는 이 모형을 활용할 수 있었다. 케네의 모형과 다르긴 했으나 발라의 모형 역시 어떠한 경험적 방법도 활용하지 않은 이론적인 모형이었고, 무엇보다도 이 두 모형은 현실을 관념적으로 나타낸 것들이었다.

경제모형에 시간을 변수로 도입하기 위해 19세기 말 일부 경제학자들은 국가가 수집한 최초의 생산통계(한 국가의 전체 생산물에 대한 통계 – 옮긴이)를 분석하기 시작했고, 그 결과를 바탕으로 이 통계자료의 시간에 따른 추이곡선을 도출했다. 그리하여 변동폭이 다소 큰 경우와 과거에 수차

례 반복되었기에 미래에도 계속 되풀이될 것이 분명한 반복구간을 포착해냈다. 인과관계의 설명이 아닌 상관관계의 분석은 이미 이때부터 시작된 것이다.

1862년 프랑스의 의사이자 경제학자였던 클레망 쥐글라르는 10년을 세 가지 시기, 즉 호황, 불황, 청산으로 나눈 경기순환 모형을 최초로 제안했다. 1923년에는 영국의 통계학자 조지프 키친은 매우 짧은(3~4년) 경기순환 주기를 밝혀냈고, 1926년에는 러시아의 경제학자 니콜라이 콘드라티예프가 매우 긴(50여 년) 사이클에 대해 기술했으며, 1930년에는 미국의 경제학자 사이먼 쿠즈네츠가 20년 주기의 순환 사이클을 밝혀냈다.

비슷한 시기에 정권을 위해 일하던 다른 경제학자들 역시 미래를 계량화하는 이론을 수립하기 시작했다. 이번에는 이론에만 머무는 것이 아니라 행동을 취하기 위해서였다. 점점 더 대대적이고 정확해진 통계를 바탕으로 말이다. 그리고 기계가 전면에 등장했다.

우선 러시아를 살펴보자. 1917년에 정권을 장악한 공산당은 극히 희소한 국가 자원을 어떻게 배속할지 결정해야 했다. 그래서 1918년 7월 23일, 레닌은 파벨 포포프라는 인물을 지원해 소련 중앙통계국을 설립했다. 1920년 2월 21일에는 국가 전력 10개년 개발계획 수립을 발표한다. 그러다가 1921년, 기아로 인해 500만 명 이상의 사망자가 발생하자 잠시 외관상 시장경제체제로 회귀하는 듯했으나 이내 국가계획위원회인 고스플란을 창설했다. 당시에는 경제관련 통계수집 임무만을 지닌 일개 자문기관이었던 고스플란은 이후 소비에트연방의 국가경제를 계획하고 통제하는 핵심기관으로 자리 잡았다.

1926년, 포포프는 「소련국가경제결산, 1923~1924」을 편찬하며 소련의 경제 분야별 자원 사용과 생산에 관련된 모든 통계자료를 수집했다. 소련의 다양한 경제 분야에서 사용되는 재화량의 비율이 안정적이어야 한다는 사실을 보여주려는 목적이었다. 이런 식으로 포포프는 부하린이 주장한 소위 '경험론적' 접근법을 따랐다. 부하린의 경험론적 접근법에 따르면 정치적 주의주의(결정론과 대립되는 개념으로 감정이나 이성보다 의지를 중시하는 사고방식 – 옮긴이)에는 물질적 현실이 필요하고 특히 강력한 농업이 유지되어야 한다. 이와는 반대로 프레오브라젠스키의 '목적론'이 지지한 주의주의적이고 권위적인 시각에 따르면, 이 비율의 틀에서 벗어나 농업을 희생시키고 산업에 유리하도록 자원 분배 방식을 신속히 바꾸어야 '자본의 원시적 축적'을 실현할 수 있다. 프레오브라젠스키의 주장은 더 이상 인과관계를 추구하지 않고 주의주의를 바탕으로 하며, 과거의 자료로 구축된 합리적이고 안정적인 상관관계를 고려하는 것조차 거부한다. 그러나 이 논쟁은 1928년에 부하린과 프레오브라젠스키가 스탈린에 의해 숙청되면서 금세 종지부를 찍었다.

그 이후 고스플란은 더 이상 현실적 제약을 고려하지 않은 채 '자본의 원시적 축적'을 통해 '눈부신 미래'를 의지주의적으로 건설하는 권위적 도구가 되었고, 이에 따라 미래는 예측하는 것이 아니라 결정해야 하는 것이 되었다. 이제 '자기 자신 되기'를 실현하는 기본 바탕은 '자기 자신 예측하기'가 아니었다. '자기 자신 되기'는 '자기 자신 예측하기'를 부인했고, 현실 세계를 고려하지 않는 위험을 감수했으며, 거짓말과 학대, 학살, 실패로 점철되었다. 그러는 과정에서 정권이 원하는 대로 수치를 왜곡해 말했고, 수백만 농가가 죽음으로 내몰렸다. 자기 자신과 타인의 학살을 대가로 지불하는 경우를 제외하고는 어떤 미래나 '자기 자신 되기'도 마음대로 결정할 수 있다는 믿음이 만연했다. 그럼에도 제1차 개발계획(1928~1932) 이후에는 점차 비현실적이고 위조된 내용을 담은 5년 단위의 경제개발계획이 열세 차례나 이어졌다.

이 개발계획 안에서 부의 분배에 필요한 계산을 하기 위해 점점 첨단화된 통계자료 처리기계가 사용되었다. 초창기 기계에는 1728년에 장바티스트 팔콩이 개발한 직조기용 천공카드를 이용한 천공카드 프로그래밍 시스템이 사용되었고, 1834년 영국의 수학자 찰스 배비지가 개발한 계산기 내부에는 통계자료 처리기계가 쓰였다. 이후 자료처리 기계가 발전함에 따라 이를 이용해서 풀 수 있는 계산도 크게 증가했다. 가령 1880년에 미국 인구조사 결과를 수작업으로 계산하려면 8년이나 걸렸지만, 10년이 지난 1890년에는 허먼 홀러리스가 발명한 천공카드 기계를 이용하여 1년 만에 계산 결과를 얻을 수 있었다. 허먼 홀러리스는 1896년에 태뷸레이팅 머신 컴퍼니를 세웠고 이 회사는 1924년에 IBM으로 사명을 변경했다. IBM은 소련의 제1차 경제개발계획이 시작된 해인 1928년에 80칼럼으로 나누어진 장방형의 천공으로 전신용 문자부호를 표현한 신형 천공카드 모델을 개발했다. 이로써 다량의 통계 자료를 매우 빠른 속도로 처리해서 이로부터 상관관계를 도출해내는 것이 가능해졌다.

1941년, 서방세계에서는 러시아 출신의 미국 경제학자 바실리 레온티예프가 『미국 경제의 구조』에서 포포프의 접근방법을 다시 이어나갔다. 그가 제시한 모델은 포포프의 모델과 마찬가지로 생산요소(인풋)와 생산물(아웃풋)을 연결 짓는 2중분할 상관표를 바탕으로 한다. 이를 이용하면 다양한 경제 분야 간의 상호작용과 각 분야에서 소비하는 중간재 전체를 계량할 수 있다. 이 모델의 야심찬 목표는 계량 및 모의실험을 통해 예측하는 데 있었고, 이를 위해 점차 성능이 뛰어난 기계를 사용하여 변수들 사이의 상관관계를 구축했다. 원인과 결과를 설명하는 것은 더 이상 중요한 문제가 아니었다. 오직 자료의 평행진화(진화론에서 나온 개념으로, 밀접하게 관련되어 있지는 않으나 같은 조상을 가진 종 사이에 개별적으로 유사한 특성이 발달하는 것을 뜻함 – 옮긴이)를 경험적으로 검증하는 작업이 관건이었다. 이것이 바로 미국의 경제학자 앨버트 카울즈에 자극받아 등장한 계량경제학의 역할이었다.

이와 마찬가지로 1935년에 영국 경제학자 존 메이너드 케인즈도 경제를 전반적으로 바라보는 시각에 영감을 받았다. 그래서 그는 레옹 발라가 그랬던 것처럼 미시경제주체들 사이의 균형이 아닌, 통계적으로 측정 가능한 전반적인 거시경제적 변수들 사이의 균형 조건을 설정하는 데 주안점을 두었다. 케인즈가 문학적인 방식으로 표현했던 이 이론은 1937년에 영국 경제학자 존 힉스에 의해 IS/LM 모형으로 구체화되었다. 힉스는 이 모형으로 총수요와 총공급의 관계를 파악하여 생산물시장과 화폐시장 사이의 불변관계를 밝히고자 했는데 이 과정에서 기계가 큰 역할을 했다. 즉, 상관관계를 분석하여 가설을 시험하고, 그로부터 이러저러한 통화정책이나 예산정책이 가져올 경제적 결과에 대한 전망을 도출하는 데 기계가 기여한 것이다. 하지만 아직은 이를 통해 경제 예측 모형을 도출하는 수준에까지는 이르지 못했다.

제2차 세계대전 동안 천공카드 시스템으로 가동되던 기계는 전자기계에 자리를 내주었다. 1950년대 말, IBM이 약 2세제곱미터 크기 안에 수 메가바이트의 용량을 저장할 수 있는 최초의 하드디스크 IBM350을 출시한 것이다.

이 하드디스크는 1초에 약 100만 개의 작업을 수행할 수 있었다.

이렇듯 통계와 전산 분야가 발전함에 따라 미시 및 거시 경제의 모형도 크게 늘어났고, 이 모형들은 점차 최첨단 수학이론을 활용하면서 얼마 지나지 않아 그 연구 영역을 순수경제학의 범주 밖으로까지 확장시켰다. 그중 일부 모형은 프랑스 경제학자 제라르 드브뢰나 미국 경제학자 케네스 애로의 모형처럼 여전히 이론에만 머문 것도 있었던 반면, 미국의 폴 새뮤얼슨이나 프랑스의 에드몽 말랭보가 제시한 모형처럼 실제 작동이 가능한 것도 있었다. 이 모형들은 1년 또는 5년 단위로 각 국가나 대기업의 거시경제적 변수들의 변화를 계량하여 예측하는 데 주력했다. 특히 기계의 성능이 점점 개선됨에 따라 통계자료의 세밀한 비교도 가능해져서, 이제는 경험적으로 시험한 경제법칙만 사용하기에 이르렀다.

제2차 세계대전 종전 후 프랑스는 혼합경제 체제를 실험했다. 미국식 자유주의나 소련식 집단주의에 지배당하지 않기 위해 프랑스 정계는 시장경제와 계획경제를 혼합한 제3의 길을 시험적으로 채택했던 것이다. 그런데 프랑스의 경우는 소련과 달리 지시적 계획경제를 추진했다(지시적 계획은 국가가 목표를 설정하고 강제적으로 달성하기 위해 통제하는 것이 아니라 정부 차원의 계획에 따라 지시하고 참여를 유도하는 것임 – 옮긴이). '미래학'이라는 개념을 만들어낸 베르트랑 드주브넬은 우리가 '미래에 지배당하는 것'을 피하고 '미래를 지배할 수 있다'고 했다. 특히 그는 1959년 드골 대통령이 경제계획 위원으로 임명한 피에르 마세가 '미래를 담고 있는 현상'을 고찰한 후 '반反우연'으로 정의된 제5차 경제계획의 수립에 도움을 주었다. 1965년에 발표된 『미래를 담고 있는 현상』 중에는 1985년에 맞게 될 프랑스의 모습이 묘사되어 있었는데, 가령 대학입학자격시험 합격자 수, 노동시간 감축, 박물관 방문 빈도 증가, 가계 지출에서 식품 소비와 주거가 차지하는 부분 등에 대해서는 놀라울 정도로 정확히 예측하고 있다.

1960년대 말이 되자, 전체적으로 세계경제 모형을 구축할 때 모든 국가를 병렬로 배열하는 것이 아니라 마치 하나의 국가처럼 취급해서 구축해보자는 아이디어가 등장했다. 이 모형은 발라이나 케인즈의 모델을 따르지 않고, 전형적으로 글로벌한 변수들과 이 변수들 간의 다양한 관계를 도입해서 만들어졌다.

　이런 식의 시도는 1967년에 허먼 칸과 앤서니 위너가 공동집필한『서기 2000년: 향후 33년을 예측하기 위한 프레임워크』에서 최초로 목도되었다. 이 책에서 두 저자는 수학 모형을 사용하지 않고 피에르 마세의 작업과 비슷한, 일종의 소프트웨어 같은 델파이Delphi 기법에 따라 전문가들의 의견을 수렴하여 그들의 여러 관점들 간의 단순한 상관관계를 파악하여 미래를 예측했다. 그 결과 칸과 위너는 2000년에 존재할 것으로 예상되는 135가지 기술을 예언할 수 있었다. 이를 두고 예측이라 하지 않고 예언이라 지칭한 이유는 두 저자가 이러한 변화는 필연적으로 이루어질 수밖에 없다고 주장했기 때문이다. 실제로 2000년이 되었을 때의 현실을 확인해보니 그들의 예언 중 27가지가 완전히 이루어졌고 22가지는 부분적으로 실현되었다. 그리고 2000년 이후부터는 그 외의 다른 많은 사항들이 현실화되었거나 현재 진행 중에 있다. 물론 그 중 일부는 오늘날에도 여전히 실현 불가능하거나 연구 대상이 되지 않은 상태에 있다. 예를 들면 야간의 전체인공조명, 정상범위를 벗어난 재능의 보편적 사용, 언어습득의 가속화, 대대적인 회춘, 만능백신, 150세 이상으로 연장된 기대수명, 저온공학기법의 보편화, 인위적인 태양계 변경, 반反중력, 성간여행, 달이나 다른 행성에의 식민지 건설 등이 그렇다. 한편 칸과 위너가 작성한 예언 리스트 안에는 인터넷이나 휴대폰 외에도 오늘날 우리의 일상생활을 완전히 뒤바꾼 많은 것들이 빠져 있다. 종교적 근본주의의 부상과 아시아 열강의 등장, 환경적 위험의 심화 같은 문제도 전혀 언급되지 않았다. 그들의 예언은 기술이 세상의 모든 문제를 다 해결해주리라는 점을 보여주는 데 모든 초점이 맞춰져 있었다.

두 번째로 등장한 세계경제 전망은 앞선 경우와는 반대로 극히 비관적이다. 1968년, 미국의 생물학자 폴 R. 에를리히는 그의 저서 『인구 폭탄』에서 맬서스의 예측을 이어받아 인구증가와 농업 생산량 침체로 인해 1970년대 안에 전 세계적으로 수억의 인구가 기아로 사망할 텐데 그중 미국인이 6,500만 명에 달할 것으로 내다보았고 2000년에는 영국 인구가 완전히 사라질 것으로 전망했다. 하지만 그는 이 책을 쓸 당시 '녹색혁명'이 일어날 것은 예견하지 못했다. 농업기술 혁신을 통해 개발도상국을 중심으로 이루어진 식량증산을 일컫는 녹색혁명은 인도를 비롯한 개도국에서 그가 지적했던 기아 문제를 장차 일시적으로나마 해결했지만 그 후 또다른 많은 문제들을 양산했다.

1963년에 결성된 영국의 건축가 집단 '아키그램'이 유토피아적인 건축 모델을 만들면서 앞으로 인터넷이 탄생할 것을 예고했던 반면, 1972년에는 세 번째로 세상의 변화를 예측하려는 시도가 있었다. 이 세 번째 예측 역시 에를리히의 전망처럼 경각심을 불러일으키는 것이었다. MIT 대학교의 연구진(도넬라 메도우스, 데니스 메도우스, 외르겐 랜더스, 윌리엄 베렌스 3세)이 '로마클럽'의 프로젝트로 진행해서 발간한 「성장의 한계」라는 보고서가 바로 그 주인공이었다. MIT의 제이 포레스터 교수의 지도 아래 시스템 다이내믹스(의사결정과정에서 다양한 변수를 고려하고 변수 간 상호영향관계를 파악하는 접근방법으로서 복잡계와 함께 등장한 개념. 특정시점의 결과보다 시간의 경과에 따른 결과를 보는 방법이라 추세를 파악하는 데 유리함 – 옮긴이)를 연구하던 저자들은 여기서 영감을 받아 세계 모형을 만들고 이를 바탕으로 지구적인 차원에서 다섯 가지 변수들(식량자원, 재생 불가능한 천연자원, 산업생산과 생산자본, 오염수준과 오염이 환경에 미치는 영향, 인구) 사이의 상관관계를 구축했다. 이 보고서의 핵심은 상관관계에 대한 연구에 있었지만, 그럼에도 그 바탕에는 여전히 인과관계에 대한 직관이 깔려 있었다. 이 연구를 위해 연구진은 컴퓨터 프로그램 '월드3'을 사용했다. 월드3은 몇 가지 단순한 경제법칙(경작 가능한 토지의 양은 유한하며, 재생 불가능한 천연자원이 점점 줄어든다)과 모의모형을 구성하는 다양한 부분들 사이의 단순한 인과관계(오염으로 인해 인간의 기대수명과 농업 생산량이 감소하지만, 비료를 사용하면 농업 생산력이 향상되고 오염이 유발된다)를 토대로 했다. 이 보고서는 당시의 추세대로 계속해서 30년간 인구가 증가하고 자원 소비가 늘어나면 2000년경에 가용자원이 고갈되어 삶의 조건과 세계 산업역량이 통제할 수 없을 정도로 쇠퇴하고, 2030년이 되기 전에 세계경제가 붕괴될 것이라는 결론을 내렸다. 그래도 보고서는 1972년부터 희소자원 소비 증가율을 0퍼센트로 감축하고 환경적으로 지속 가능한 개발로 방향이 전환된다면 앞에서 도출한 결론이 현실화되는 것을 피할 수 있다고 했다.

1976년, 미국의 경제학자 로버트 루카스의 사상이 거시경제 모형의 이론적 발상을 완전히 뒤집는 사건이 발생한다. 그는 경제주체의 합리적 기대가 자신과 타인의 미래를 바꾼다고 주장했다. 다시 말해 경제주체는 새로운 무엇인가가 등장한다는 생각을 가지면 그것이 미처 등장하기도 전에 자신의 행동을 바꾸고, 이는 곧 미래를 바꾸는 것으로 이어진다는 말이다. '합리적 기대'라고 불리는 이 이론은 이론경제학을 완전히 평정하고 경제 예측의 개념을 전복시켰다. 즉, 미래를 예측하는 행동 자체가 미래를 만드는 당사자가 된 것이다.

이렇게 발전된 이론을 반영한 모형들은 이때를 기점으로 15년 동안 크게 증가했다. 그리고 이 모형들은 국가와 기업의 요구에 따라 모든 영역에서 온갖 것을 다 예측해냈다. 다만 그 핵심은 단순한 상관관계에 대한 연구였음에도, 여전히 인과관계를 세우는 것처럼 가장하는 경우가 많았다. 실업과 인플레이션을 연관 짓거나 통화 공급과 가격 변화를 연결하는 등 통계적 관계만을 토대로 해서 사이비 법칙을 내세웠던 것이 그 예에 해당한다.

오늘날에는 소련의 계획경제가 종말을 맞이했고, 예상치 못한 주식, 금융, 경제, 군사적 위기가 발생하고 있으며, 복잡성이 심화되고, 즉각적이고 일시적인 것의 지배력이 점차 확대되고 있다. 상황이 이렇기 때문에 보다 성능이 뛰어난 기계와 보다 정확도가 높은 통계를 동원해서 경제모형을 만들고 있음에도 오히려 역설적으로 예측하는 대상이 무엇이든 그에 대한 예측력은 점점 떨어지고 있다. 이제 그 누구도 감히 위험을 감수한 채 한 기업이나 한 나라의 미래가 1년 이상 지난 후에 어떻게 되리라는 말은 하지 않고, 다만 주의주의적 방식으로 미래를 예측할 뿐이다. 하지만 이러한 예측과 직접적으로 관련되는 유권자들이나 투자자들은 이런 주의주의적 방식을 진지하게 받아들이는 일이 거의 없다. 이러한 모형들 중에서는 인구, 기술, 자원, 기후 분야에서 대범하게 장기적이고 포괄적인 예측을 한 것들만이 살아남는다. 이러한 분야의 경우에는 단순히 추세를 연장시키기만 해도 신뢰가 가기 때문이다. 또한 50년이 지난 후에 과거의 진단이 유효했는지 검증할 사람이 아무도 남아 있지 않기 때문이기도 하다.

예언하는
기계

오늘날에는 여러 현상들이 점점 더 많이
발생하고 상호의존도가 높아지고 있다. 하지만 이런 현상
들을 이어주는 원인을 파악하는 데 필요한 이론은 마땅히
없는 상황이다. 따라서 기계들은 이제 인과관계가 아닌 단
순한 상관관계만을 연구하는 새로운 기법을 더 많이 사용
한다. 현재 파악된 상관관계가 워낙 분명하다 보니 이런
관계는 미래까지 지속될 것처럼 보이지만, 여전히 우리는
그런 상관관계가 성립하는 이유를 설명하려는 노력을 하
지 않는다. 그런데 이러한 상관관계의 밑바탕을 이루는 것
이 바로 통계 법칙이다. 수천 년 동안 예언가들이 미래를

표현하기 위해 사용했던 우연은 이렇게 해서 다시 무대에 등장하게 되었다. 물론 과거와는 다른 방식으로 말이다.

이렇듯 우연을 토대로 하는 모형들은 얼마 지나지 않아 그 정확도가 높아져서 나중에는 결국 예언기계로 둔갑될 것이다. 계산능력이 강해질수록 예언기계가 되는 길은 가까워진다. 2014년, 플래시 스토리지 분야의 선도기업인 샌디스크는 1.5세제곱센티미터 크기에 512GB 용량의 SD 카드를 출시했다. 이후 2015년이 되자 기계(본문에 나오는 기계는 대부분 의미상 연산기계, 즉 컴퓨터를 가리킴 - 옮긴이)의 계산능력은 1초에 3경 5조 회의 연산을 하는 수준으로 발달했다. 그리고 2050년이 되면 초당 100억 3회의 연산이 가능할 것으로 보인다. 이제 기계는 종교·군사·정치계의 권력층이 아닌 새로운 강자, 바로 모더니티의 핵심인 금융·삶·죽음·오락을 관장하는 권력층을 위해 봉사한다. 그리고 그중에서도 금융이 단연 첫손에 꼽힌다.

우연을 바탕으로 한 미래 예측 방법은 오래전부터 의식과 의례의 옷을 덧입고 실행되었다. 하지만 이 역시 궁극적으로는 확률 도출이 목적이었다. 이제 오늘날의 기계는 이 오래된 미래 예측 방법을 새롭게 조명하고 있다.

금융시장 예측

주식, 채권 등 자본증권의 가격 변동을 예상하는 작업은 특히 그 시장에 투자한 투자자들에게 있어 매우 중요한 일이다. 인류 전체의 저축에서 투자자들의 운용 비중이 점점 높아짐에 따라 투자자 수는 더욱 늘어나고 그 힘도 막강해지고 있다. 그들이 점차 인류의 미래를 만들어가고 있는 것이다. 그들은 상당한 자금을 할애하여 경제 모형과 소프트웨어, 기계를 개발해서 가격변동 예측에 따라 자신들의 손익 확률을 계산하고, 이를 바탕으로 손실을 볼 용의가 있는 만큼의 금액과 기간에 따라 전략을 수립한다. 오늘날 미래 예측 분야에서 가장 발달되어 있는 분야가 바로 금융이지만, 여러분에게는 따분하게 느껴질 수 있으므로 여기에서는 몇 페이지에 걸쳐 대략적으로만 살펴보도록 하겠다.

우선 금융시장 예측 모형은 세 가지 방향으로 개발되었는데, 바로 미래 구조 연구(행동금융학), 변동 확률 연구(미래 변동치), 그리고 상관관계 연구(상관관계 예측)가 그것이다.

• 행동금융학

가장 먼저 해야 할 일은 우리가 연구하는 증권가격 변동 예측(알파 예측)과 일반적인 시장 변동 예측(베타 예측)을 구별하는 것이다. 한 기업에 투자할 경우, 그 기업의 변화 및 그 기업이 속한 환경의 변화를 분명하게 파악하고 있어야 함은 당연하다.

알파 리스크를 측정하는 데는(즉, 주어진 기업과 관련된 추세가 새로 등장하거나 완전히 뒤바뀌는 상황을 포착하고 파악하는 데는) 이른바 '행동적' 방법이라고 하는 단순한 두 가지 방법, 즉 기술적 접근법과 기본적 접근법이 우선적으로 사용되었다. '기술적 분석법'은 한 기업의 과거 주가 변동 내력을 분석하고(가격이 어떻게 변화했는가? 거래량은 얼마였는가?) 향후 다시 반복될 수 있는 가격 변동 '구조'를 파악함으로써 미래의 가격 변동을 예측하려는 방법이다. 이와 반대로 '기본적 분석법'은 경제적·재정적·환경적 요인 전체를 바탕으로 자산의 내재적 가치를 측정하려는 방법이다. 이에 따르면 시장에서 기업의 가치는 결국 그 기업의 내재적 가치에 근접하게 된다고 본다.

이 두 가지 행동적 분석법 외에도 투자자의 행동을 보고 심리적 편향(사람들이 무의식적으로 또는 불완전한 정보를 바탕으로 내리는 결정의 부정적인 측면을 가리키는 용어. 아래 나오는 카너먼과 트버스키가 처음 사용함 – 옮긴이)을 분석하는 분석법도 있다. 특히 이스라엘의 심리학자이자 수학자인 대니얼 카너먼과 아모스 트버스키는 『전망이론』에서 투자자의 미래 분석 의식 과정을 2단계로 구분했다. 다시 말해, 전망을 주관적으로 분석하는 '편집' 단계와 전망의 발생 확률에 따라 전망의 균형을 잡는 '평가' 단계로 이루어진다고 본 것이다. 그런데 평가 단계에서 어떤 사람들은 자신의 기대와 다른 정보는 무시한다. "시장의 기대가 현실과 너무 동떨어져서 투자자들이 자신의 오류를 인정하지 않을 수 없을 정도"가 될 때까지 말이다(조지 소로스). 또 어떤 사람들은 자신의 예측이 실현되는 데 방해를 받더라도 다른 사람들을 모방하는 것으로 만족하고, 어떤 이들은 이익이 제한되더라도 가격이 오르는 주식을 팔고 가격이 떨어지는 주식은 최대한 빨리 손을 털고 나올 정도로 손실을 두려워하기도 한다.

이 같은 분석법은 오늘날 '스마트베타smart beta'의 등장과 함께 점차 첨단화되었다. 스마트베타는 한 기업이나 시장 전체에 투자하는 것이 아니라, 전반적인 시장보다 장차 빠른 속도로 가치가 상승할 것이 확실한 특정 기업 집단에 투자하는 기법이다.

이러한 '행동적' 분석방법은 전통적 펀드(롱전략 펀드)와 CTA_{Commodity Trade Advisor}(미국선물거래협회에 등록된 원자재 투자 헤지펀드 – 옮긴이) 같은 투기적 펀드에서 사용한다. 이러한 펀드는 한 기업의 주가나 시장의 변동 추세를 최대한 신속히 파악하려고 하는데, 이러한 변동 추세는 처음 나타날 당시엔 극히 일시적인 현상으로 보일 수도 있으므로 타이밍을 놓치지 않고 잘 파악해야 한다. 이는 파도타기에 비유할 수 있다. 파도가 막 형성될 때 그것을 식별하는 서퍼가 파도를 가장 잘 이용할 수 있는 것처럼, 적기에 추세의 급변을 감지하지 못하면 휘발성이 강한 시장에서 펀드는 막대한 손실에 노출된다.

• 평균값을 중심으로 한 미래의 변동치

두 번째 모형에서는 특정한 미래가 일어날 확률이 불변의 평균적 상황에 근접할수록 커진다는 가정하에 확률의 법칙에 따라 한 기업의 주식 시세 변동을 산출한다. 이 분야의 선구자는 1863년에 『확률 계산과 증시의 철학』을 발표한 프랑스의 경제학자 쥘 레노와 1900년에 박사학위 논문 「투기이론」을 발표한 프랑스의 수학자 루이 바슐리에다.

두 사람은 "일정한 순간의 시장의 정태적 상태를 수학적으로 연구하는 것은 가능하다. 즉, 바로 그 일정한 순간에 시장이 인정하는 시세 변동에 대한 확률의 법칙을 세울 수 있다."라고 주장했다. 바슐리에에 의하면, 두 시점 사이에 가능한 주가(시세) 변동은 '정규분포'를 따른다고 한다. 즉, 일정한 가격이 나올 확률은 (소위 '가우스 곡선'이라고 하는) 종 모양 곡선을 따른다는 말이다. 이 곡선에서는 가격으로 결정될 확률이 가장 높은 가격은 평균값에 가장 가까운 가격이고 곡선의 왼편에는 손실이 가장 큰 경우가, 곡선의 오른편에는 수익이 가장 높은 경우가 온다. 가장 최근에 주가가 평균값과 같았던 시점으로부터 시간적으로 멀어질수록 미래의 주가가 평균값에 근접하는 것을 볼 확률은 높아진다.

주식 시세가 하나의 평균값을 중심으로 오르락내리락하고 있을 때에는 이러한 접근법으로 장차 시장이 조용해졌을 때의 미래 가격을 예언하는 것이 가능했다. 그러나 이 방법은 시장의 급격한 변화를 예견하는 데는 도움을 주지 못했다. 2009년, 프랙탈 이론의 창시자인 수학자 브누아 만델브로는 1916년에서 2003년까지의 기간 동안 뉴욕 주가지수의 일일 변동을 연구한 후, 이러한 모형이 '큰 변동폭'을 과소평가한다는 사실을 보여주었다. "이론상으로는 위의 기간 동안 다우존스 변동폭이 3.4퍼센트 이상인 날은 48일이어야 하지만 실제로는 1,001일이었고, 또 다우존스지수가 4.5퍼센트 이상 변동하는 날은 이론상 6일로 예측되지만 실제로는 366일이었다. 변동폭이 7퍼센트 이상인 경우는 30만 년에 한 번 꼴로 일어나야 하지만, 20세기에만 해도 48차례나 발생했다." 주가가 갑자기 정규분포의 중앙값에서 멀어지는 경우가 너무 자주 일어나기 때문에 이러한 모형은 현실적이지 않다는 것이 만델브로의 견해였다. 또한 '가우스 곡선'에 따라 확률의 정규분포를 보고 어떤 사건이 일어나리라 예언한다 해도, 현실 세계에서는 이보다 훨씬 더 빈번하게 그 사건이 일어난다. 그리고 다양한 미래가 일어날 확률의 정규분포를 사용하면 극단적 사건이 일어날 확률을 과소평가하게 된다. 만델브로는 이렇게 덧붙였다. "실제 시장은 야생적이다. 시세가 요동치는 모습을 보면 머리카락이 쭈뼛해질 정도다. 사실, 시세가 요동치면 정통 금융 시장의 온화한 변동폭에 비해 변동되는 정도가 훨씬 심하고 해롭다. (…) 따라서 종 모양 곡선의 가설을 금융 계산에 적용하면 마지막에 오류가 생길 가능성이 늘 잠재되어 있다."

오늘날 만델브로의 이러한 분석을 이어받은 레바논계 미국인 수학자이자 인식론자인 나심 니콜라스 탈레브는 정규분포를 사용할 수 있는 곳인 '평범의 왕국'과 '블랙 스완'이 나타날 수 있는 곳인 '극단의 왕국'이 따로 있다고 한다. 그는 자신의 스승이었던 만델브로가 주장했던 것처럼 "가우스 시스템이 모든 곳에 존재한다는 생각은 세상의 이치와 맞지 않다. 이런 생각은 그저 우리의 머릿속에서나 가능한 일이며, 우리가 세상을 바라보는 방식 때문에 생겨난 것이다."

그러나 파생상품(옵션, 스왑)을 취급하기 때문에 투자자들에게 제시할 상품의 가격을 정해야 하고 이를 위해 상품의 가격변동을 예측해야 하는 펀드와 트레이더들은 정규분포를 토대로 한 이런 확률적 접근법을 여전히 광범위하게 사용하고 있다. 약점이 있는 방법임에도 가우스 모형을 계속해서 사용하고 있는 것이다. 즉, 이들은 금융상품 가격에 관한 확률을 종 모양 곡선에 따라 기술하는데 때로는 손실 발생 확률을 증폭시키면서, 다시 말해 가우스 곡선의 오른쪽 부분을 희생시키고 왼쪽 부분을 크게 그리는 식으로 이 곡선을 상당히 많이 변경하고 있다. 이러한 작업 끝에 실현가능한 수익 기대치를 얻고 그 결과로 가격을 도출한다.

• 행동의 상관관계 예측

세 번째 시장변화 예측 모형은 다른 모형들에 비해 훨씬 더 유망한 것으로, 상관관계를 이용한다. 이 모형은 금융시장의 변화를 예측하기 위해 최근 개발된 것으로, 수립하기 어려운 인과관계를 연구하거나 앞서 불안정성을 확인했던 확률적 상관관계를 분석하지는 않는다. 그 대신 주가변동과 반복적인 사건 사이의 단순한 상관관계, 즉 직관적으로 정당화된 동시성을 신뢰한다. 여기서 일정 시점의 주가와 그 전에 일어난 사건 사이의 상관관계를 파악할 수 있다면 금상첨화다. 이를 바탕으로 하면 예측을 넘어 예언을 하는 경지에 이르기 때문이다. 그런데 그렇게 되면 또

다시 우연이라는 이름의 신에게 모든 것을 일임하게 되는 셈이다.

　이러한 기법은 이제 걸음마 단계에 있다. 몇몇 사례를 소개하자면 다음과 같다. 독일의 복잡계 과학자인 토비아스 프라이스는 전 세계 네티즌들이 구글을 이용해서 검색한 조회수를 알 수 있는 구글 트렌드를 이용하여 금융시장에서 큰 폭의 하락이있기 전에는 언제나 98개 금융용어에 대한 검색이 대규모로 이루어졌음을 확인했다. 또한 어느 날 위키피디아에서 어떤 기사의 조회수가 최대에 달한 것과 그날 이후 며칠 안에 특정 주식의 추세가 변한 것 사이에 상관관계가 존재한다는 사실도 알아냈다. 따라서 구글에서 기사를 읽은 후에 투자를 하거나 투자를 거두는 결정이 내려진다는 가설을 세우고, 이러한 상관관계를 예측에 활용할 수 있다고 보았다. '트위터에 나타난 집단 정서를 보면 주식시장을 예측할 수 있다'는 제목의 연구를 수행한 J. 볼런과 H. 마오, X. 젱 역시 트위터에 포스팅된 메시지에서 전해지는 '어감'과 그 이후 다우존스지수의 변동 사이에 상관관계가 존재함을 확인했다.

　이때 메시지의 '어감'은 메시지를 여섯 부류(고요, 경고,

확신, 활력, 친절, 행복)로 분류하는 GPMS_{Google-Profile of Mood States}(구글 기분상태 검사)라는 알고리즘을 이용해서 정량적으로 계량했다. 이 연구결과에 따르면, 통계적으로 봤을 때 '고요'로 분류되는 메시지의 어감을 나타내는 수치가 J-6에서 J-2 사이일 때 J라는 날의 주식 시세 변동과 상관관계를 보였다(가령, 어감 수치가 14에서 18로 나왔다면, J-6=14, J-2=18, J=20, 즉 20일에 주식 시세 변동이 일어난다고 볼 수 있다 - 옮긴이). 다시 말해, 이러한 방식으로 시세 변동을 이틀 먼저 예측할 수 있다는 것이다.

2011년, 대규모 헤지펀드 회사인 더웬트 캐피털 마켓츠는 트위터 분석을 전문으로 하는 실험적 헤지펀드를 만들기까지 했다. 이 헤지펀드는 시장 평균이나 다른 헤지펀드의 평균보다 높은 수익률을 기록했다.

개별 사용자가 공개하는 '페이스북 상태' 메시지에는 그 사용자의 생활 방식과 풍부한 감정에 대한 정보가 숨어 있다. 'Linguistic Inquiry and Word Count' 같은 소프트웨어는 텍스트 내용을 분석하여 그 메시지 안에 들어 있는 긍정 또는 부정적인 감정 수준을 도출해낸다. 그렇다면 이 소프트웨어를 이용해서 페이스북의 상태 메시지마다 긍정적이거나 부정적인 기분의 정도에 따라 점수를 주는 것도 생각해볼 수 있다. 그러면 모든 메시지에 이 과정을 실행해서 나온 결과로 '낙관' 지수와 '비관' 지수를 도출하고, 그런 다음 이 지수들을 따로 떼어내서 사회 전체의 감정을 나타내는 '행복 지수'를 도출할 수 있다.

(사용자의 사생활 보호를 위해 일반적으로 상태 메시지는 가까운 통신망 한 곳에서만 접근할 수 있기 때문에) 외부 사용자가 한 국가의 전체 국민이 나타내는 상태 메시지를 분석하는 것은 불가능하므로, 페이스북은 매일매일 국가별 글로벌지수인 페이스북 국민행복지수를 제공한다. 페이스북은 처음에는 미국에만 제한해서 지수를 산출했다가 지금은 많은 나라로 그 범위를 넓혔다. 특히 (크리스마스나 추수감사절 같은) 명절에는 GNH 지수가 매우 높은 것으로 나타난다.

미국의 학자 이지칸 카라벌럿은 「페이스북이 주식시장의 움직임을 예언할 수 있는가?」라는 제목의 논문에서 2007년 9월~2011년 9월 사이에 취합된 미국 관련 데이터를 사용해 GNH 지수와 주가지수 사이의 상관관계를 분석했다. 통계적으로 보면 전날 GNH가 높을수록 다음 날 주가 상승폭이 컸는데, 이런 현상은 기업의 주식시가총

액이 적을수록 정확하게 나타났다. 그 이유는 아마도 주식 시가총액이 적은 기업들은 기계보다 자신의 감정에 영향을 더 많이 받는 소규모 투자자들의 투자를 유치하기 때문인 것으로 보인다.

컴퓨터의 계산능력이 현기증이 날 정도로 빠르게 향상되면서, 조만간 다른 많은 분야에서도 서로 합리적으로 연결되었거나 완전히 구별된 변수들의 상관관계를 토대로 행동을 예측할 수 있으리라 기대된다. 그런 분야들은 삶을 살거나 삶을 잊기 위해 삶의 도전과 가까이 혹은 멀리 연결되어 있으며, 시간을 가장 잘 활용하는 문제와도 관련되어 있다. 그래서 시간이 어떻게 사용되거나 위협받을지 예측하거나 예언하는 문제가 대두된다. 그러면 여기에 해당되는 몇 가지 사례를 살펴보겠다.

사람들의 수명 예측

예부터 의학의 역할은 진단에만 그치지 않았다. 의학은 예후도 제공했다. 초음파로 태어날 아이의 성별을 예측하고 혈액검사로 질병을 추적하며 한 염색체와 아이의 성별 사이의 상관관계 혹은 어떤 유전자 이상과 어떤 질병 소인 사이의 상관관계를 분석하는 것이 가능해지기 시작하면서 의학 분야에서의 예측 기법은 크게 발전했다.

성별을 예측할 수 있게 되자 수많은 부모가 자녀의 성을 선택했다. 그 결과 얼마 지나지 않아 지구상에는 여아에 비해 훨씬 더 많은 남아가 태어나리라는 예상이 나왔다.

질병에 대한 개개인의 운명을 예측하는 일도 가능해지기 시작했다. 진단이 의학지식의 발전과 관련되어 있다면, 예후는 개별 질환의 원인을 심층적으로 파악해서 얻은 결과일 뿐만 아니라 과거의 수많은 사례를 바탕으로 한 통계적 상관관계를 고려한 것이기도 하다.

게놈 해독 비용이 줄어들면서 (해독이 처음 실시된 2003년에는 27억 달러였던 것이 2015년에는 수백 달러로 떨어졌다) 상관관계를 이용해 출생 이전에 치료 가능한 또는 불치의 특정 질환이 발생할 확률을 통계적으로 산출하는 것도 가능해졌다.

치료 가능한 질병들 중에서 이제 선천성 대사이상(필수 아미노산 중 하나인 페닐알라닌 변형을 일으키는 효소 결핍에 의한 대사 이상으로, 정신발달 지체를 야기한다)의 발병 가능성은 예측이 가능해졌다. 이 대사이상은 아주 어렸을 때부터 식이 요법을 시행해서 바로잡을 수 있을 뿐 아니라 생후 3일째 되는 날 '구트리 검사'를 통해 체계적으로 검사할 수도 있다. 이 검사를 위해 채취한 혈액으로는 유전성 빈혈도 찾아내어 예방적 처치도 가능하다. 전 세계적으로 5,000만 명 이상이 이 유전 질환으로 고통받고 있다. 마찬가지로 갑상선기능저하증도 알아내어 갑상선 호르몬을 복용하는 방법으로 호르몬을 보충할 수도 있다.

유전학 덕분에 아직 불치병으로 남아 있는 질병들도 예언할 수 있다. 가령, 아포리포단백질 E를 형성하는 유전자는 돌연변이를 유발시킬 수 있고, 이는 특정 형태의 알츠하이머병의 진전을 가져올 수 있다.

1993년부터는 헌팅턴 단백질의 글루타민에 결합되어 있는 CAG 염기서열의 과도한 반복으로 인해 생기는 헌팅턴 무도병의 발병 확률을 알 수 있는 예측용 유전자 검사가 생겼다. 뿐만 아니라 (오늘날에도 여전히 치료 불가능한) 주로 LRRK2 유전자의 돌연변이로 생기는 파킨슨병 발병 확률도 알아낼 수 있다. 프리메이타 헬스사는 임산부의 혈액을 조사해서 부작용 없이 태아에게서 13번, 18번, 21번

삼염색체증을 발견하는 기술을 개발함으로써 양수검사로 인해 야기될 가능성이 있는 유산 위험을 피할 수 있게 되었다.

통계분석법으로 상관관계를 파악하면 특정 질환의 발병을 예측할 수도 있다. 예를 들면 (혈압측정치, 병력, 체질량지수, 생활방식, 콜레스테롤 수치를 바탕으로 산출한) IndiGo지수 덕분에 데이터베이스상의 상관관계를 통해 5년 내 심장마비의 발생 위험과 치료와 생활방식 변화에 따른 변화를 측정할 수 있게 되었다.

보험사 카이저 퍼머넌트는 특정 행동에 따라 당뇨병 환자의 치매 발병 확률을 알아낼 수 있는 분석모형을 고안했다(당뇨병 환자는 당뇨병에 걸리지 않은 사람에 비해 치매 발병 위험이 두 배 더 높다). 과학, 기술, 의학 분야의 학술 저널과 자료를 제공하는 바이오메드센트럴이 최근 발표한 연구에 따르면, 2형 당뇨병 발병을 사전에 파악하는 것이 가능해진 덕분에 이제는 진단에서 치료까지 소요되는 기간을 줄일 수 있게 되었다고 한다.

미군은 300가지 요인(의약품 소비, 행동내력, 군경력, 입대연령, 상관과의 갈등, IQ 등)을 고려해서 현직 및 퇴직 군인 중

자살 가능성이 가장 높은 사람들을 진단하는 예측분석모형STARRS, Study to Assess Risk and Resilience in Servicemembers을 개발했다.

캘리포니아 대학교 데이비스 캠퍼스에서는 건강 관련 자료를 통해 의사의 진단보다 몇 시간 더 빨리 패혈증 위험을 측정할 수 있는 알고리즘을 개발하고 있다.

마찬가지 방법으로 공공보건 문제의 발생 확률도 예측할 수 있다. 스웨덴에 있는 카롤린스카 연구소 연구진은 저녁 6시에서 자정 사이의 지역 의료기관 인터넷 사이트 방문자수와 그다음 날 그 지역 병원 응급실 방문자수 사이에 상관관계가 있음을 발견했다.

애리조나 대학교와 댈러스에 있는 파크랜드 임상혁신센터의 연구진 역시 천식 관련 트윗 횟수('천식'과 '흡입기'를 키워드로 삼아 조사했다)와 이후 병원 응급실 방문 횟수 사이에 상관관계가 있음을 밝혔다. 이 연구진이 개발한 알고리즘을 이용하면 응급실 방문자수가 적을지, 보통일지, 많을지를 75퍼센트의 정확도로 예측할 수 있다. 또한 하버드 의과대학교 소아과의 존 브라운스타인 교수는 위키피디아의 유행성 감기 관련 페이지 방문자수를 바탕으로 감기 발병을 예측하는 알고리즘을 만들었고, 보스턴아동병원 연구진은 세계보건기구, 구글 뉴스, 유엔식량농업기구 바이두 뉴스의 공개 자료를 취합하는 알고리즘 헬스맵을 개발하여 에볼라 창궐 당시 세계보건기구의 발표 9일 전에 에볼라 확산을 감지할 수 있었다.

이제 이와 같은 질병 예측 소프트웨어 시장이 발달하기 시작했다. 키라 라딘스키가 설립한 수요예측 및 관리 컨설팅 업체 세일즈프리딕트는 30퍼센트의 질환들에 대해 유행 위험을 90퍼센트 예측할 수 있다고 밝혔다.

별자리 점만큼 중독성 있지만 그보다 성능이 훨씬 좋은 예측기계도 탄생했다. 이 기계는 개개인의 신체활동과 영양섭취 등을 조사한 결과에 따라 개인의 기대수명을 측정해서 제공한다. 이런 '자가감시기기'뿐만 아니라 혈액과 유전자 분석으로 부작용 없고 영구적인 인공장기를 이식할 수 있는 날도 곧 다가오리라 본다. 기계의 예측 정확도가 높아짐에 따라 조만간 상관관계는 예언으로 둔갑하게 될 텐데, 이렇게 얻어진 데이터는 비밀에 부쳐지지 않을 듯하다. 보험회사는 개개인의 질병 예방 태도에 따라 개인에게 남아 있는 기대수명값을 측정한 뒤 그 결과를 바탕으로 보험료를 책정할 것이기 때문이다.

장차 우리의 미래 건강 상태를 알 뿐만 아니라 유전자를 분석할 수 있다면, 자녀에게 확실히 유전되는 질환을 자신이 앓고 있다는 사실을 알았을 때 그 누가 출산을 결심하겠는가? 누가 장애를 받아들이겠는가? 자신이 치료 가능한 질병을 앓을 가능성이 있는지 확인하기 위해 비용을 지불할 능력이 있는 사람은 누구인가? 2013년 신문 1면을 장식했던 배우 안젤리나 졸리의 유방절제술 소식은 이제 이런 문제를 낯설지 않게 만들었지만, 그러면서도 이와 같은 예방적 의료 조치가 현재까지는 할리우드 스타 같은 사람들에게만 가능한 일이라는 사실 또한 상기시켜주었다.

기계의 수명 예측

앞으로 기계의 예측적 유지보수는 점차 사람의 수명 예측과 비슷한 양상을 보일 것이다. 인간과 기계는 점점 서로 닮아갈 것이기 때문이다. 의사가 어떤 질병의 전조 증상을 분석해서 그 질병이 발생하기 전에 미리 막는 것처럼, 기계도 특정한 이상 징후가 나타나면 이러저러한 부품이 언제 작동을 멈출지 예측하고 이를 토대로 그 기계의 남아 있는 수명을 도출할 수 있다.

예측적 유지보수는 상당히 큰 경제적 효과를 가져온다. 향후 몇 주 안에 기계가 고장날 것임이 예측되면 교체용 부품을 적기에 주문할 수 있고, 이로써 기계가 가동을 멈추는 시간도 줄어들어 생산과정이 완전히 마비되는 상황을 피할 수 있을 것이기 때문이다.

가령 항공업계, 특히 항공사들은 비용이 비쌈에도 울며 겨자 먹기로 불가피하게 비행기를 지상에서 유지보수한다. 항공산업 초창기에는 기술자들이 소리, 열, 진동을 측정했고, 이 측정결과를 사용매뉴얼에 나오는 교과서적 케이스와 비교하여 언제 어떤 부품이 부족해질지 추산할 수 있었다. 그 후로는 자동 신호전환 장치와 컴퓨터 보조 소프트웨어 덕분에 통제가 용이해졌다. 또한 사용(사용기간, 사용한 재료 등) 같은 새로운 요인도 통합되었다. 덕분에 이제는 어떤 부품의 수명이 다할 확률을 비행 중에 실시간으로 알 수 있다.

더 일반적으로 살펴보면 오늘날에는 기계변화 예측 소프트웨어라는 것이 존재한다. 예를 들면, IBM의 소프트웨어인 '예측적 유지보수와 품질'은 기계의 현재 상태나 사용과 관련된 상당히 많은 정보를 실시간으로 분석하고, 그 결과로 기계가 고장 날 확률을 도출한다. 이미 이 소프트웨어 덕분에 다임러 크라이슬러사의 엔진 실린더 조립 라인의 생산성이 25퍼센트 증가한 사례도 있다.

기계의 기대수명 예측가능성은 나노 단위로 측정 가능한 신호전환 장치를 점진적으로 설치하면 크게 향상될 것이다. 그렇게 되면 기계의 수명을 계산하고 프로그래밍할 수 있다. 또한 이러한 방법은 교량, 건물, 공장, 기계 등 모든 종류의 인공가공물에도 적용될 것이다.

지진 예측

서기 132년 중국에서 인류 최초의 지진계가 등장한 이래, 지진의 원인을 둘러싸고 세상에서 가장 기발한 가설들이 수세기에 걸쳐 쏟아져 나왔다. (17세기에 프랑스의 철학자이자 물리학자 가센디가 주장하고 1755년의 리스본 대지진 이후 칸트가 적극 지지했던 대로) 지하 가스층의 폭발 때문이라는 가설부터 시작해서 18세기 후반에는 전기 때문이라는 주장도 나왔다. 훗날 판구조론으로 발전되는 이론의 발단은 18세기 말에야 나타났고, 1935년이 되어서야 미국의 지진학자 찰스 리히터가 지진의 세기를 측정하는 척도를 발명했다.

현대의 지진 예측 방법은 역사적, 지질학적, 구조지질학적 자료들 사이의 상관관계를 연구하여 지진을 촉발시킬 수 있는 단층을 밝혀내고 지진 발생 확률을 추산하는 것이다. 이 방법을 이용하면 지진의 발생 위험지역의 목록을 작성할 수 있고 이 목록에 포함된 지역에 대해서는 강력한 건설 관련 규제를 만들어 지진에 대한 취약성을 줄이는 것이 가능해진다.

1980년에 개발된 반VAN(그리스 과학자 세 명의 이름에서 각기 첫 글자를 따서 만든 이름) 예측법은 땅속에 삽입한 전도체를 이용해 지하 고유저항의 자연스러운 변화를 관찰하고 비정상적인 전기신호를 감별해낸 뒤 상관관계를 바탕으로 지진 발생 확률을 도출하는 원리다. 이 예측법을 적용하면 특정한 경우에 진도 5 이상의 지진을 3주 전에 예측할 수 있다.

이를 개발한 연구진은 1995년에 이 예측법을 사용해서 아테네 서쪽 200킬로미터 지점에서 진도 6의 지진이 발생할 가능성이 있음을 예고했는데, 실제로 2주 후 아테네

북서쪽 3,000킬로미터 지점에서 진도 6.6의 지진이 발생했다.

앞으로 일어날 것으로 예상되는 지진들은 분명히 발생할 것으로 보인다. 하지만 문제는 언제 발생하는지 그 정확한 날짜를 예측할 수 없다는 사실이다.

2010년에 발생한 진도 7~7.3의 아이티 지진은 23만 명 이상의 사망자를 내고 엄청난 물적 피해를 남겼다. 이 지진도 사실 수년 전에 예상되기는 했으나 정확한 발생 날짜까지는 예측되지 않았다. 마찬가지로 샌앤드레이어스 단층 위에 위치한 캘리포니아도 언젠가 지진이 발생할 확률이 매우 높은 지역으로 꼽힌다. 이러한 분석이 발표되자 선진국들은 건설 관련 법규를 강화하는 등의 예방적 조치를 취할 수 있었으나, 저개발국가나 지역에서는 그것이 불가능했다.

결국 단기적 지진 예측은 지진의 전조증상, 즉 (지진계로 감지할 수 있는) 지면의 움직임, 미세균열 발생, (희소 기체인) 라돈 가스의 유출 그리고 동물들의 행동 등에 의존하고 있는 실정이다. 특히 지진이 일어나기 전 동물들의 반응을 보면 말들은 먹이를 먹지 않고 달아나려 하고, 가축들은 높은 곳으로 몸을 피하려 하며, 쥐떼가 출몰한다고 한다. 이러한 동물들의 행동을 바탕으로 중국 연구진은 지진이 임박했음을 알리는 행동을 보이는 동물 58종을 찾아냈다. 1975년 1월 중순, 중국 랴오닝 성에서는 동물들의 이상 행동이 관찰되어 실제로 규모 7.4의 지진이 발생할 것을 예측한 덕에 수많은 사람들의 희생을 막을 수 있었다.

태풍 예측

벤저민 프랭클린은 1743년 10월, 태풍이 반드시 바람의 방향을 따라 이동하는 것은 아니라는 가설을 세운 최초의 인물이다. 그 후 도브(1821년)와 레드필드(1831년)가 태풍의 '소용돌이' 특성을 파악했다. 열대성 태풍 예측 시스템을 최초로 생각해낸 사람은 1847년 바베이도스에서 임무를 수행하던 미군 중령 윌리엄 리드다. 1870년 쿠바의 예수회 소속 베니토 비네스 신부는 특정 구름의 움직임과 태풍의 위치 사이에 상관관계가 있다고 추정했고, 이를 바탕으로 1875년 9월 12일 태풍이 쿠바를 덮칠 것을 예측했다.

　20세기에 이어진 수많은 연구 덕분에 이제 우리는 열대성 태풍이 특정한 온도, 습도, 기압, 풍력과 풍향 조건하에서 형성된다는 사실을 알게 되었다. 이렇게 현상에 대한 파악이 이루어지고 자료 측량과 전달이 늘어나면서 점차 정확도가 높은 예측법이 탄생할 수 있었다.

특히 인공위성은 태풍 분석에 있어 막대한 진전을 이루게 한 일등공신이었는데, 이 경우에도 인과관계보다는 상관관계를 분석했다. 대표적인 사례가 1960년에 최초의 기상관측 인공위성 티로스–1으로 호주 근처에 태풍이 형성되고 있는 모습을 확인한 것이다.

태풍 예보를 위한 수학적 예측 모형도 태풍 예보에 기여했다. 과거에 발생했던 태풍들을 토대로 상관관계를 찾는 방향으로 연구를 진행하는 학자들이 있는가 하면, 어떤 과학자들은 여러 요인들(기온, 기압, 바람 등)을 고려하여 가장 가능성 높은 태풍의 이동 경로를 추산한다.

뉴올리언스에서는 전문가들이 2004년에 (사피르-심슨Saffir-Simpson 태풍등급 기준으로) 3급 태풍으로 인해 발생할 수 있는 결과 모형을 만들었다. 이 모형에 따라 태풍 발생 후 퐁샤르트랭 호수가 제방 너머까지 범람하여 뉴올리언스에 홍수가 발생한다는 시나리오가 나왔다. 그다음 해인 2005년

8월, 5급 태풍 카트리나가 발생하자 정확히 이 모형대로 상황이 전개되었다. 다행히 카트리나의 이동 경로를 예측할 수 있어서 제때에 도시 철수가 이루어졌지만 일부 지역에서는 교통편이 부족해서 수천 명의 주민들이 몸을 피하지 못했고, 결국 1,836명의 사망자를 내고 말았다. 이 비극적인 사건은 예측이라는 것이 가장 먼저 부자들을 위해 기능하는 권력 도구라는 사실을 다시 한 번 상기시켜주는 계기가 되었다.

기상 예측

기상 예측 활동은 지극히 오래전부터 존재해왔지만, 1960년에 최초의 기상관측 인공위성 티로스-1과 1977년에 유럽 최초의 지구정지궤도 위성 메테오새트가 궤도에 진입하면서 일대 전기를 맞았다.

이제 불과 몇 분 후의 기상 상태는 인공위성이 촬영한 사진을 관찰하고 이를 디지털 모형(프랑스 기상청은 기준선망 1.5킬로미터의 시뮬레이션 모형 아롬을 사용한다)으로 분석하여 예측한다. 향후 몇 시간이나 며칠 후를 예측할 때는 인공위성의 실시간 관찰 내용과 과거에 나타났던 유사 상황과의 상관관계를 바탕으로 대기의 변화를 모의실험하는 디지털 시뮬레이션 모형을 사용한다.

4~5일 이상 기한을 두고 예측할 경우 기상학자들은 여러 시나리오를 작성한 다음 확률 모형을 이용한다. 모든 시나리오에 한 가지 기상 현상이 많이 나타날수록 이 현상이 실제로 일어날 확률은 높아진다. 수십에서 수백 킬로미터로 대기를 나누어 구획한 후, 이 기준선망이 교차하는 각 지점마다 여러 요인에 점수를 부과한 다음 모형으로 각 지역마다 기온, 기압, 강수량이 변하는 방식을 물리법칙과 열역학법칙, 유체역학법칙을 이용해서 계산해낸다.

기후변화에 관한 정부 간 패널IPCC, Intergovernmental Panel on Climate Change은 장기적 예측을 위한 실험 모형들을 보유하고 있다. IPCC는 이 모형들을 '비교적 신뢰할 만하다'고 평가한다. 물론 어떤 요소들(강수량)은 다른 요소(기온)에 비해 추산하기 어렵고, 컴퓨터의 성능은 여전히 부족하며 어떤 사안에 대해서는 과학적 지식이 모자란 탓에 (구름처럼) 부차적인 것처럼 보이지만 전 과정에 영향을 미치는 현상에 막연하게 접근할 수밖에 없는 한계가 있기는 하다. 장기적 기후 예측능력을 향상시키기 위해서는 지구를 몇 킬로미터단위로 구분해야 하는데, 이에 필요한 컴퓨터는 2020년대 초에 가동이 가능할 것으로 예상된다.

범죄 예측

디지털 기술은 범죄 행동의 예측도 가능하게 해준다. 이때에도 데이터베이스의 상관관계를 토대로 한 수학적 알고리즘이 사용된다.

프레드폴사가 지진 예측 소프트웨어에 착안해서 만든 범죄 예측 시스템은 경찰 보고서를 지속적으로 분석하여 강력범죄나 경범죄가 발생할 수 있는 지역(사방 약 150미터 지역을 단위로)을 예측하게 해준다. 현장에 나와 있는 경찰들은 실시간으로 이 소프트웨어의 예측결과에 접근하여 이를 바탕으로 순찰 경로를 조정할 수 있다. 캘리포니아의 모데스토시는 2014년 1월부터 이 시스템을 가동한 결과 강도발생 건수가 일반 가정에서는 18퍼센트, 상점에서는 13퍼센트 감소하는 효과를 얻었다.

뿐만 아니라 휴대전화 통신망 사용 데이터와 인구지표

사이의 상관관계를 분석하면 범죄 발생 위험이 가장 높은 장소를 예측하는 것도 가능하다. 일례로 프랑스에서는 사용자가 위험 상황을 감지하면 휴대폰 앱으로 신고할 수 있는 도시감시 소프트웨어 '에디시아'가 사용되고 있다. 한편, SNS상에 떠도는 소문이나 사건을 분석함으로써 특정 장소의 위험도를 평가할 수도 있다. 런던의 범죄 데이터를 토대로 한 실험결과를 보면 이러한 모형으로 특정 지역의 범죄발생 특징을 70퍼센트의 정확도로 파악해낼 수 있다고 한다. 버지니아 대학교의 예측기술실험실 연구진은 2013년 1월 1일~3월 31일 사이에 발생한 범죄 관련 자료와 150만 건의 트윗(사용자의 GPS 위치 정보도 포함시켰고 과도한 알코올 소비 같은 위험 상황도 참조했다) 사이의 상관관계를 조사한 결과 25개 범죄 유형 중 19개 유형의 발생을 예측할 수 있었다. 또한 필라델피아에 있는 펜실베이니아 대학교에서는 지역 경찰서의 보고서를 비롯한 다양한 자료들 사이의 상관관계를 토대로 살인사건의 다음 희생자를 예측할 수 있는 알고리즘 개발을 진행 중이다.

밀라노에서 사용하는 키크라임이라는 소프트웨어는 연쇄범죄를 저지르는 범죄자가 누구인지 모르는 상황에서 일단 그 범죄자의 범죄 습성과 범행 방법을 파악한 뒤 앞으로 재범이 일어날 장소와 상황을 예측하게 해준다. 이 프로그램은 범죄자의 호적이나 신분을 알 필요 없이, 그의 행동을 연구해서 범죄 현장에서 체포하도록 한다. 경범죄가 발생하면 경찰은 목격자들의 증언과 CCTV 영상자료를 바탕으로 하나의 사건당 수백 가지 정보를 입력하여 범죄자의 '범죄 서명'을 구축하므로, 이 소프트웨어를 이용하면 아직 밝혀지지 않은 사건들의 책임을 체포된 용의자에게 물을 수 있다. 이러한 키크라임 덕분에 무장강도사건의 해결 성공률은 1년 만에 27퍼센트에서 45퍼센트로 높아졌다. 게다가 이 소프트웨어는 밀라노 시내 중심가에 있는 약국에서 발생한 강도사건의 시간과 장소, 사용 무기까지 예측해낸 덕분에 경찰이 현장에서 두 명의 강도를 현행범으로 체포하는 성과를 올리는 데 일조했다.

이외에도 잠재적 용의자의 행동을 연구하는 예측방법도 있다. 예를 들면 미국 공항에서 사용하는 SPOT(관찰기술에 의한 승객검색) 프로그램이 이에 해당한다. 이 프로그램은 전문 훈련을 받은 요원들이 스트레스, 동요, 비행기 도착시간, 검색대 근처에서의 행동 등의 상관관계를 바탕으로 구축해놓은 용의자의 행동을 탐지해내게 해준다.

미국국토안전부에서는 FAST_{Future Attribute Screening Technology}라는 이름의 프로젝트를 현재 개발하고 있다. 이 프로젝트는 생체측정기 또는 원격측정기로 심장박동수와 안구의 움직임, 체온, 신체언어를 감시하여 수상한 행동을 해석하고 파악하는 것을 목적으로 한다.

도로교통 상황 예측

일상생활에서 예측이 가장 많이 필요한 상황 중 하나를 꼽자면 바로 도로교통이다. 어떤 장소까지 가는 데 시간이 얼마나 걸릴까? 다른 길로 가면 시간을 단축할 수 있을까? 오늘날에는 이에 대한 해답을 제공해주는 소프트웨어가 많이 등장했다.

제일선에서 교통상황을 예측하여 제공해주는 공공기관(프랑스의 경우 국립도로정보센터)도 등장했다. 이들이 사용하는 소프트웨어는 주요 간선도로에 설치된 교통량 측정기로 측정한 지난 10년간의 도로상황 데이터(교통정체와 교통량)를 토대로 예측을 내놓는다. 그러면 이 데이터를 수학적 모형에 넣어 그해의 특성(공휴일 날짜, 기상조건)에 맞추고, 문제의 도로를 달릴 가능성이 있는 운전자수에 따라 매 순간 교통체증 가능성 여부를 적색, 오렌지색, 녹색으로 나누어 예측한다.

이와는 전혀 다르게, 협력적 예측 소프트웨어들은 매 순간 각 자동차별 이동시간을 추산하는 방식을 사용한다. 그중 가장 대표적인 소프트웨어가 바로 웨이즈다. 이 프로그램을 개발한 이스라엘의 스타트업은 2013년에 구글에 인수되었다. 웨이즈에 등록한 모든 운전자들은 장려금을 받고 교통정체, 사고, 교통체증 정보를 앱에 올리고 뒤이은 차량들이 정보를 확인하는 식으로 운영된다. 앱은 접속된 모든 사용자들의 위치와 운행속도도 저장하는데, 이를 바탕으로 웨이즈는 운전자가 이용하는 도로의 교통상황을 도출해내고 목적지까지의 이동시간을 알려주며 우회로를 제시해준다. 이렇게 수집된 정보 덕분에 이 앱은 각각의 이동경로에 대한 통계를 도출해서 앱 자체의 알고리즘을 지속적으로 향상시킨다.

이런 방식으로 웨이즈는 협력적 예측의 탄생에 참여하고 있고, 그 테두리 안에서 개인은 자신과 타인을 위해 도로교통에서 범죄는 물론 건강에서 테러에 이르기까지 모든 영역의 예측 기능을 향상시키는 데 기여하고 있으며, 이 기여도는 앞으로 점차 더욱 높아질 것으로 예상된다. 훗날 무인자동차 시대가 열리면, 자동차에 유도시스템과 예측시스템이 통합되고 차량들끼리 직접 의사소통하여 기계로 다른 기계들의 행동을 예측하는 날도 올 것이다.

소비 예측 프로필

유통업체들 역시 전문 소프트웨어를 사용해서 소비자 개개인에 대한 예측 프로필을 구축하여 소비할 가능성이 있는 것을 예측하고 그 결과를 반영해서 광고를 수정한다.

많은 회사가 네티즌의 컴퓨터에 설치된 쿠키(중앙서버에 보내지는 인터넷 사용자의 사용 정보파일 – 옮긴이)와 여러 다른 자료(성명, 주소, 출생일, 이메일 계정 등)를 분석한 후 네티즌 개인별 프로필을 구축하고 있다. 이를 통해 쇼핑몰 사이트에서는 인터넷에 접속한 네티즌 개인의 재력과 욕구에 따라 실시간으로 상품의 가격과 광고를 맞춤형으로 수정한다. 네티즌이 한 사이트에 접속하는 순간, 데이터베이스를 바탕으로 그의 프로필이 만들어진다. 그러면 1,000분의 1초 만에 광고주에게 방문자의 관심영역과 맞아떨어지는 팝업광고를 하고 가격을 올릴 수 있다는 메시지가 전달되고, 그다음 1,000분의 몇 초 만에 광고주는 가격을 올려 부른다. 뒤이어 해당 네티즌의 관심사로 추정되는 것에 대한 온라인 광고가 그 네티즌이 방문하고 있는 사이트 페이지에 뜨게 된다.

또 다른 회사들은 자체적으로 자사의 사이트에서 광고를 준비한다. 가령 페이스북의 경우, 회원들이 회원 가입을 하고 프로필을 만들 때 제공했던 정보(성명, 나이, 성별, 위치)와 이들이 '좋아요'를 눌렀던 페이지들과 파트너 사이트를 방문했던 자료들을 토대로 회원들의 소비 행동을 예측할 수 있다.

마찬가지로 아마존이나 다른 온라인 업체들도 고객이 사이트를 방문하면 그 방문자의 최근 주문 상품과 같은 물건을 구매한 다른 고객들의 최근 주문 내용을 바탕으로 상품을 추천한다.

구글은 한 네티즌이 사이트를 방문하면 자사의 검색엔진으로 검색했던 내용과 관련된 개인 맞춤형 광고를 띄운

다. 또한 자사의 지메일 서비스 계정을 사용한 메일의 내용을 분석하는 알고리즘을 개발하고 있다. 이렇게 분석한 것을 바탕으로 네티즌의 열정과 욕구, 현재 상태를 추정하여 그의 미래 상황을 예측하고 그가 관심을 가질 만한 제품을 제안하려는 목적이다.

트위터는 익명의 사람들이 이용하는 트윗, 안드로이드나 iOS 운영체제로 작동하는 스마트폰에 있는 모든 앱 사이의 상관관계를 분석하여 사용자들의 나이, 성별, 관심 분야를 도출한다. 그리고 이를 바탕으로 사용자들에게 특정 대상을 타깃으로 하는 스폰서의 트윗을 제안한다.

암스크린사는 안면인식기술을 이용해서 대형마트 방문 고객들의 얼굴을 스캔한 뒤 그들의 연령과 성별을 도출해내는 옵팀아이즈 시스템을 개발했다. 영국의 유통업체 테스코는 영국 내 450개 주유소에 이 시스템을 설치하여 주유를 기다리는 손님들의 프로필에 따라 맞춤형으로 스크린 광고 메시지를 내보낸다.

소비자는 무상으로 자신에 관한 모든 정보를 제공하고 그 대신 조언과 전문가의 추천을 받는다. 그런데 한 걸음 더 나아가 정치계와 같은 분야에서 이러한 예측이 사용되는 경우를 생각해볼 수 있겠다. 그 안을 들여다보면 예측을 이용한 독재라는 새로운 위협이 도사리고 있음을 알 수 있다.

전략게임

금융, 수명, 교통, 생산, 소비 분야 외에도 시간을 사용하는 것과 관련된 또 다른 영역에서도 예측의 중요성이 점차 커지고 있다. 바로 오락 분야가 그 주인공이다. 앞서 우리는 오래전부터 전략게임이 예측의 기술을 습득하는 과정으로서 어떤 기능을 했는지 살펴보았다. 그런데 이제는 전략게임 역시 점차 기계의 통제하에 들어가고 있다. 기계를 사용하면 가능성 있는 모든 미래를 눈 깜짝할 시간 안에 분석하여 그 결과 매번 최적의 전략을 선택할 수 있는데, 여기서도 기계는 사람을 대신해서 미래를 준비하는 데 기여한다.

예전부터 있었던 오래된 전략게임들은 지금 기계의 도전을 받고 뿌리째 흔들리고 있다. 사람들은 오래전부터 체스 게임에서 인간을 이길 수 있는 기계를 만들려고 노력했다. 그런데 1770년경 요한 볼프강 폰 켐펠렌이라는 사람이 나타나 자신이 그런 기계를 개발했다고 주장했다. '자동 터키인 인형'이라는 이름의 이 기계는 처음에는 승승장구하는 것처럼 보였으나, 결국 그 안에 사람이 숨어 있었다는 사실이 들통나면서 파국을 맞았다.

요란했던 이 사건에 비해 차분한 분위기 속에서 이번에는 스페인의 발명가 레오나르도 토레스 퀘베도가 1912년에 체스 두는 기계를 개발했다. 이 기계는 킹 한 개와 룩 한 개만 남기고 상대는 킹 한 개만 남기는 것으로 경기를 마쳐 승리를 가져올 수 있었다. 1952년, 영국의 수학자 앨런 튜링은 매번 말을 둘 때마다 무한대에 가까운 경우의 수를 따진 뒤 최선의 한 수를 놓음으로써 전체 게임을 이길 수 있는 프로그램을 이론상으로 상상했다. 하지만 이 이론을 실제로 실험할 만큼 성능이 발달한 전산도구가 개발되어 있지 않았던 탓에 그는 수작업으로 끝없이 이어지는 실험을 할 수밖에 없었다.

1950년대 말이 되자, 상대가 두었던 수를 바탕으로 가능한 한 수많은 시나리오를 고속으로 검토함으로써 경기를 완전히 끝낼 수 있는 전자기계가 등장하기 시작했다.

그 후 1990년대에 들어서자 IBM의 엔지니어들이 딥블루라는 프로그램을 개발했다. 딥블루는 3초 안에 500억 가지 포지션을 분석하여 1997년 당시 세계 체스 챔피언이었던 개리 카스파로프를 이겼다. 2006년에는 새로운 챔피언 블라디미르 크람니크가 딥프리츠 프로그램을 상대로 패하고 말았다.

2011년, IBM은 의미분석 소프트웨어를 사용하는 자사의 신형 기계 왓슨을 단어 연상 퀴즈 게임 제퍼디 게임에 참가시키면서 인간 대 기계 사이의 경쟁 장벽을 더 허물어버렸다. 이 게임에서 참가자는 주어진 답에 맞는 문제를 찾아야 한다. 따라서 게임을 이기려면 왓슨은 '자연어', 즉 인간들 사이의 의사소통방식을 이해할 수 있어야 했다. 이를 위해 IBM은 왓슨의 인공지능에 약 2억 개의 인터넷 페이지를 입력시켜서 이해하고 해석하게 했다. 왓슨은 경기 시간 내내 인터넷에 접속하지 않은 상태에서 스스로의 힘으로 게임에서 주어진 답을 이해하고, 자신이 이미 알고 있던 것과 그 답을 비교한 뒤 그에 해당하는 질문을 만드는데 성공했다. 그리고 결국 두 명의 전 챔피언 켄 제닝스와 브래드 러터를 눌렀다.

오늘날 IBM은 게임 영역 밖으로 이 기계의 잠재력을 활용할 생각이다. 가령, 왓슨은 병원에서 의사가 진단을 내릴 때 보조 역할을 하거나 기상예측 시 계산력을 향상시키는 데 기여할 수도 있고, 기업 고객의 행동을 분석하여 가격을 결정하는가 하면 더 나아가 공공기관이 서비스 사용자들의 질문에 답하도록 도와줄 수도 있을 것이다. 바둑이나 브리지처럼 훨씬 더 고도화된 게임의 경우 아직까지는 기계가 인간 최고 고수를 이기지 못하고 있지만 이것도 시간문제다(이 책은 알파고와 이세돌의 대국 이전에 집필되었다 - 옮긴이).

그런데 기계가 마침내 전에 없던 새로운 게임을 만들어내는 일이 벌어졌으니, 바로 비디오 게임이다. 사실 비디오 게임 역시 일종의 전략게임이자 미래 예측을 학습할 수 있는 게임이다.

그 첫 번째 이유는 비디오 게임에서 사용하는 핸들이 미래의 로봇에 사용할 원격조종장치의 모태가 되기 때문이다. 두 번째 이유는 게임 그 자체로 미래를 예상하고 예측하고 스트레스 상황에서 행동하는 법을 배울 수 있기 때문이다. 특히 '요절복통기계'나 '월드 오브 워 크래프트' '마인

크래프트' 같은 게임이 대표적인 예다.

1992년에 등장한 요절복통기계는 시간 순서대로 펼쳐지는 설계도를 만들어야 하는 분석력 및 사고력 게임이다. 플레이어는 스테이지 초반에 주어진 목표(가령 농구공을 특정 지점으로 보내기)를 달성하기 위해 기계 조립을 끝내야 하는데, 일부 부품은 이미 스크린상에 조립되어 있기 때문에 빠져 있는 부품들을 채워 넣어서 이 기계장치를 완성하는 것이 플레이어의 임무다. 즉, 앞으로 일어날 미래를 미리 생각해서 그에 도달하도록 하는 것이다.

2004년에 출시된 월드 오브 워크래프트는 다수의 플레이어가 집단적으로 참여하는 온라인 게임이다. 게임 속 모험이 전개되는 배경은 마법의 캐릭터들이 사는 아제로스라는 가상세계다. 플레이어는 가상세계 속 한 캐릭터로 분하여 미션을 완수하면서 점차 이 가상세계의 내면을 발견하고 온라인상의 다른 플레이어와 협력하거나 대적하면서, 또 지리적·시간적 미로의 구조와 불변요소를 찾아내어 그 안에서 진화한다. 플레이어는 장애물을 극복하고 다른 플레이어와 협력하며 더 용이하게 이런 작업을 해나가기 위해 앞으로의 일을 지속적으로 예상해야 한다.

2011년에 출시된 마인크래프트는 플레이어가 작은 컬러 블록으로 동물과 기계, 괴물을 만드는 게임으로 혼자 또는 여럿이서 할 수 있다. 이 게임에서도 플레이어는 설계도를 생각해낸 다음 이를 실현시킬 방법을 찾아야 한다.

이러한 게임들, 그리고 다른 많은 게임들은 모두 단순한 전략게임 그 이상이다. 이들은 미래를 해독하는 법을 배우는 과정이자 인간과 기계 사이의 새로운 권력 분배 방법을 습득하는 과정이기 때문이다. 그런데 둘 사이의 권력 분배는 점점 더 기계에게 유리해지는 양상이다.

지배할 것인가, 지배당할 것인가

앞서 살펴본 것과 같은 변화가 계속되고 또 가속화된다면 수십 년 안에 모든 일을 예측하고, 절대적인 예측을 내놓고, 예측이 일반화되는 사회가 자리 잡게 될 것이다. 그러한 사회에서는 개개인 각자가 살아갈 날이 얼마나 남았는지, 다른 누군가 또는 자기 자신이 언제 범죄를 저지를지, 또 각자 언제 누구와 사랑에 빠질 가능성이 있는지도 알게 된다. 다음 선거에서 누가 누구에게 투표할 것인지 모두가 알 수 있는 사회. 우리의 집단적 미래와 적들이 취할 행동, 우리가 내리는 결정의 결과를 모두알 수 있는 사회. 그리고 우리가 집단적 선택을 할 때 이 모든 사실을 참작하게 될 사회. 그런 사회에서 민주주의 체제는 명백한 사실이 절대권력을 휘두르는 일종의 독재 체제가 될 것이다. 자신의 미래를 분명하게 예측하게 된 우리가 할 수 있는 일은 그 예측이 이루어지지 않도록 노력하는 것뿐이리라. 마치 오이디푸스가 자신의 운명을 피하려다 스스로 그 운명의 덫에 걸린 것처럼 말이다.

미래에 대한 지식이 모두에게 공평하게 분배되는 사회는 일견 민주주의의 궁극적인 모습처럼 보일지 몰라도 살 만한 세상은 되지 못할 것이다. 우리가 이런 사회를 참아 낼 수 있으려면 다양한 화학적 또는 이데올로기적 마약을 맞고, 그 마약에 취해서 예속 상태에 놓여 있을 때 쾌락을 느끼고 더 이상 요구하지 않으며 그저 늘 체념하고 받아들이도록 프로그래밍되어야 한다.

그런데 미래에 대한 지식은 평등하게 분배되지 않을 공산이 더 크다. 그리고 태초부터 그래왔듯 예측은 오직 몇몇 사람을 위한 중요한 도구로 남게 될 것이다. 게다가 대부분의 사람들은 미래의 모든 일들을 알고 싶어 하지는 않을 것이고, 기계라고 하는 새로운 군주의 손에 미래에 대한 지식을 위임하는 선택을 하게 될 것 같다.

이제 권력은 성직자나 군인, 정치인의 수중을 떠나고, 요컨대 지금부터 미래를 관리하는 임무를 맡은 기업들의 손에 들어갈 것이다. 보험회사와 데이터 관리회사는 개인이 초래한 위험에 대해 모든 것을 다 알고 이에 따라 행동 방향을 정할 것으로 보인다. 이러한 권력과 그 권력을 제공하는 기계는 인간들의 행동을 예측하고 인간들에게 행동규범과 수명을 정해주며 인류를 추상적 지능의 관찰 대상으로 삼고서 마치 인간의 신처럼 행동할 것이다. 자신의 행동이 규범에 부합하는지 감시할 방편을 갖게 된 개개인은 이 같은 예측의 독재에 대해 다소 자발적인 협력자가 될 것이다.

이렇듯 우리는 우연의 장난으로 신이 모든 것을 결정했던 이전의 세상으로 다시 돌아갈 것이고, 우연은 불가피함을 표현하는 형식으로 다시 무대에 등장할 것이며, 많은 사람들이 안전을 위해 자유를 포기한 채 이런 세상에 마음을 빼앗길 것으로 보인다. 이것이 미래에 관한 모든 지식을 명석하게 성찰한 결과이건, 아니면 안정감을 주는 전체주의적인 외부 세력에 모든 지식을 위임한 결과이건 말이다.

이 두 가지 경우 모두, 미래는 현재의 행동을 강요하면서 독재 체제처럼 작용할 것이다. 그러면 인류 전체는 그들의 미래를 알고, 조작하고, 결정하는 기계들의 관찰 대상에 불과해지고, 결국 기계들은 인류에게 등을 돌리는 상황에까지 이를 가능성이 높다.

나는 이런 식으로 자유를 잃게 될 것이라 믿고 싶지 않다. 또한 앞으로 결코 우리 미래를 예측하고 변화시킬 방편이 없을 것이라 생각하고 싶지도 않다. 보험회사와 데이터 관리회사가 우리의 새로운 주인이 될 것이라 믿고 싶은 마음은 더더욱 없다. 오늘날 그리고 앞으로도 결코 기계가 인간의 고도화된 예측 능력을 대체할 수 있을 것이라 믿고 싶지도 않고, 민주주의가 결국 환상에 불과하다고도 생각하지 않는다.

나는 인류가 자신을 위대하게 만드는 핵심, 즉 진보를 위해 미래를 계획하는 능력을 포기하는 자살행위를 할 것이라 믿고 싶지 않다. 뿐만 아니라 고대건 현대건 막론하고 이전에 개발되었던 모든 미래 예측 기법들이 무용지물이라 생각하는 것을 원하지도 않는다. 오히려 나는 지금 현재 그리고 앞으로 얼마 후가 되면 자유롭게 미래를 예측하는 개개인의 잠재력이 그 어느 때보다 커질 것이라 믿는다.

그래서 나는 이 책의 마지막 장을 빌려 우리 각자가 자신의 운명을 예측하는 법을 통달하는 데 도움을 주고자 한다. 그렇게 되면 미래를 예측하는 일은 자유를 정복하고 보존할 수 있는 무기가 되어줄 것이다.

Peut-on prévoir l'avenir?

PART 4

어떻게 미래를
예측할 것인가

미래를 예측하는 일은 자기 자신뿐 아니라 다른 사람들을 위해서도 중요하며, 현재는 물론 미래 세대의 사활이 걸린 중차대한 문제다. 그렇다, 미래는 예측할 수 있다. 그렇다, 미래는 예측할 필요가 있다. 그렇다, 미래를 예측하는 데 필요한 지식은 수 세기를 걸쳐 천천히 축적되었다. 그리고 앞서 존재했던 모든 것, 심지어 가장 합리적이지 않아 보이는 것까지도 효율적인 미래 예측법을 구축하는 데 핵심이 된다.

하지만 많은 요인 때문에 우리는 미래에 대한 흥미를 잃었고 목전에 닥친 순간순간을 살아가는 데만 집중하게 되었다. 시장 민주주의(시장질서에 기초한 초기적 형태의 민주주의. 개인의 자유경쟁을 가장 중요한 가치로 삼은 민주주의 체제─옮긴이)는 현재에만 가치를 두고 미래는 그저 현재의 연속으로만 보았으며, 어떤 상황도 그 이전의 상황에서 유래하는 것이 아니라고 여겼다. 그 결과 많은 사람들이 더 이상 아무런 미래도 예측하거나 건설하지 않았고, 이제는 기계에 의한 예측의 독재에 빠져들고 말았다.

그러니 여러분은 다음과 같이 연습해보기 바란다. 자신에게 혹은 다른 아무에게 자신의 미래에 대해, 자신이 꿈꾸는 미래가 아닌 자신이 예측하는 미래의 모습을 세 페이지 분량으로 적어보도록 한다. 세 페이지다. 최소 1년 후의 미래에 대해 적어야 한다. 이렇게 하라고 이야기하면 어디서부터 이야기를 풀어가야 할지 아는 사람은 아마 극소수에 불과할 것이고, 임무를 완수하는 사람은 그보다 더 적을 것이다.

사람들이 자신의 미래에 대해 아무런 생각이 없는 세상. 이런 세상은 오직 파멸의 길을 걸을 뿐이다. 그런 세상에서는 더 이상 인간이 자기 운명의 주인이 아니기 때문이고, 앞서 살펴본 바와 같이 기계는 기계 자신에게 유용한 특정 분야에서만 미래를 예측하기 때문이다. 어느 날 기계가 인류의 운명에 대한 전체적인 통찰력을 가지게 되면 기계는 자신의 이익을 위해 이를 이용할 것이다. 그때는 기계를 이용해서 기계를 통제하는 것이 너무 늦어져버린다. 이처럼 세상은 파멸을 향해 나아가기 시작했다. 다시 되돌릴 수 있는 장치는 마련해두지 않은 채 말이다.

나는 얼마 후 우리 각자가, 또한 인류 전체가 기계의 관찰 대상으로 전락하는 사태를 손 놓은 채 순순히 받아들이고 싶지 않다. 인공지능이 미래를 파악하고 조작하여 자신에게 유리하도록 이를 결정짓는 상황을 용납하기 싫다.

나는 이와 반대로 우리 각자가 모두 미래에 접근할 수 있다고 생각하고 싶다. 아니, 사실이 그렇다. 그러려면 여러 사건을 서로 연결 짓는 인과관계에 주목해야 한다. 또한 불변요소가 되풀이되어 새로운 것이 만들어지고 논리에 따라 원인과 원인이 연결되어 어떻게 한 발자국씩 한 순간에서 다음 순간으로 나날이 미래가 진보하는지 이해해야 한다.

아직 끝난 것은 아무것도 없다. 수 세기 전부터 세상은 더 많은 자유를 누리고, 시간을 더욱 풍요롭게 활용하며,

정보가 에너지를 대체하는 방향으로 나아가고 있다. 또한 인공화, 상품화, 고독, 욕구불만, 자연 낭비와 파괴가 더욱 심화되는 쪽으로 진행 중이다. 이러한 모순적인 상황에 직면한 우리에게는 여전히 다음 후속을 결정하고 미래를 선택할 자유가 있다. 개인적으로도 그렇고 집단적으로도 그렇다.

그럼에도 하루 5분을 미래에 투자하겠다는 사람은 거의 없다. 이 5분은 자기 자신과 자신을 둘러싼 환경, 현재 혹은 미래의 위협, 일상적인 결정이 가져오는 장기적 결과, 자신의 계획표와 다른 사람들이 제공해주는 계획표를 명확히 파악하기 위한 필요충분조건이다. 뿐만 아니라 이 5분은 자신의 미래를 명확히 밝혀주기에 충분한 시간이다.

분명 우리 의지와 무관한 사건들을 모두 예상하리라 기대할 수는 없지만, 가장 예측 불가능해 보이는 현상들이라 해서 그것이 전적으로 우연의 결과는 아니다. 항공기 사고, 자살 테러, 무차별 총격, 그 외에도 다른 사람들의 수많은 광기와 변덕을 예측할 수는 없지만, 이러한 상황에 노출될 위험을 줄여서 그 희생자가 될 확률을 줄이는 것은 가능하다. 가령, 의료검진을 철저히 하면 수많은 질환이

치명적으로 진행되기 전에 치료하고 예방할 수 있다. 여행할 때는 대부분의 전염병 발생지역이나 자연재해 위험이 높은 지역으로 떠나거나 테러 가능성이 가장 높은 곳으로 휴가를 가는 것을 피할 수 있고, 등반할 때에는 위험이 가장 많이 도사리고 있는 정상공격 루트를 기피할 수도 있다. 이뿐만이 아니다. 우리가 사랑에 빠질 것인지, 사랑에 빠진다면 그것이 언제가 될지, 또는 상대가 (언제) 떠나갈 것인지 확실하게 예측할 수는 없다 하더라도, 우리는 불가능해 보이는 사랑에는 거의 100퍼센트 저항할 수 있다. 만약 그렇게 하지 않는다면, 그것은 슬픔을 맛볼 확률이 높다는 것을 감수하면서도 의식적으로 위험의 쾌락을 추구하기 때문일 것이다.

요컨대, 현재 우리 각자는 자신 앞에 놓인 미래의 거대한 물줄기를 파악할 수 있으며 앞으로는 더욱 더 많이 그렇게 하게 될 것이다. 기계가 자행하는 예측의 독재에 빠져들지 않고서 말이다. 지금 우리 개개인은 내가 '미래의 초석'이라 명명한 것들을 예측할 수 있고, 앞으로는 더욱 더 그렇게 될 것이다. 나는 우리 각자가 현세의 삶과 관련된 미래의 초석에 대해 단기적 또는 장기적 이야기를 쓸 수 있음을, 그리고 앞으로는 더욱 그렇게 할 것임을 보여 주고 싶다. 과거 인간은 현세가 아닌 내세의 미래 문제에 천착했으며 이는 현재에도 마찬가지지만, 그 부분은 이 책에서 다루지 않는다.

'미래의 초석'에 대해 쓸 때 가능한 모든 미래를 나열하여 다수의 시나리오 형태로 만든다면 너무 손쉬운 작업이 될 것이므로, 가장 확률이 높은 가설들만을 선별해서 선형적이고 일방적이며 연대기적인 이야기 형식으로 쓰는 것이 좋다. 이때 자기 자신을 예측하는 것과 자기 자신이 되는 것을 혼동해서는 안 된다. 자기 자신을 예측하는 것은 하나의 이야기지만, 자기 자신이 되는 것은 일종의 계획이기 때문이다.

우선, 가장 가능성 높은 미래에 대한 이야기를 쓰도록 하겠다. 이를 두고 나는 '백색 이야기'라고 이름 붙였다. 그런 다음 조금이라도 가능성 있는 모든 것에 대비하고자 한다면 여기에 '흑색 이야기'를 덧붙일 수 있다. 이것은 모든 위험이 현실로 나타나는 미래에 대해 기술하는 것이다.

수학 모형이나 전문가의 컨설팅은 분명 유용하기는 하지만, 내가 이 작업을 수행하는 데는 부족함이 많았다. 물론 별자리나 손금을 보거나 카드점을 치는 것은 더욱 만족스럽지 못했다. 우리가 앞서 살펴보았듯, 가장 오래된 미래 예측 기법들은 어느 정도의 근거를 갖고 있다. 하늘은 적어도 날씨를 알게 해주고, 우연은 사건이 일어날 확률을 알려주며, 꿈은 무의식 속의 충동을 드러낸다. 이 모든 것 중 쓸모없거나 의미 없는 것은 하나도 없다. 설령 그것이 은유적이거나 시적인 것에 지나지 않는다 하더라도 말이다.

나는 내가 걱정하는 대상들의 미래에 대한 다양한 이야기를 계속 쓰기 위해 특수한 방법을 고안해냈다. 여기서 말하는 대상은 나 자신과 다른 사람들, 기업, 국가, 인류 전체가 될 수 있다. 이제 그 방법의 핵심을 소개하고자 한다.

먼저, 시간 단위를 선택하는 것부터 해보자. 시간 단위는 하루가 될 수도 있고 1주일, 1개월, 1년, 10년, 1세기 또는 그 이상이 될 수도 있다. 그런 다음 각 대상의 미래 분석 영역을 다섯 가지로 구분한 후, 아래와 같은 순서에 따라 체계적으로 분석을 실시한다.

첫 번째 단계는 **회고적 예측**이라 명명했다. 여기서는 대상의 본질적인 정체성과 주요 불변요소, 그 대상이 과거에 변화한 방식, 위협과 급격한 변화에 대처한 방식, 약한 신호에 반응한 방식에 대해 기술하고, 이 과정을 통해 오래 지속될 상수를 도출해낸다.

두 번째 단계는 **수명 예측**이다. 이 단계에서는 대상의 건강상태, 생활방식, 자신을 챙기는 방식에 관한 의견을 낸다. 여기에는 전체적인 미래 분석에서 당연히 절대적으로 중요한 변수가 되는 (대상에 따라 개인별 또는 집단별) 인구 문제가 포함된다.

세 번째 단계는 **환경적 예측**이다. 이것은 세상을 움직이는 주체(사람, 기업, 국가, 환경) 중 대상의 운명에 영향을 줄 수 있는 주체의 미래를 분석하는 것이다. 이를 위해서는 먼저 가까이에서 또는 멀리서 대상의 미래에 영향을 줄 수 있는 주체의 목록을 만들어야 한다. 물론 이렇게 만들어진 목록은 그 자체만으로도 흥미롭다. 그런 다음 반대로 대상에 의해 미래가 좌우되는 주체의 목록을 만든다. 그런데 이 두 목록이 반드시 일치하는 것은 아니다(가령 자녀의 미래가 부모의 미래에 달려 있는 경우는 그 반대의 경우보다 일반적으로 많다). 대체적으로 이 목록은 우리 생각보다 훨씬 길다. 그런 다음 이 주체에게 일어날 가능성이 있는 미래를 기술해야 한다. 이 단계에서 이들 주체와 대상 사이의 미래 관계는 다루지 않고, 그 대신 혁신, 위기, 질병, 테러, 전쟁 등 주체에 영향을 줄 수 있는 것들에 대해 연구한다.

네 번째는 **감정적 예측** 단계다. 이것은 앞서 환경적 예측 단계에서 중요한 것으로 파악되었던 주체가 대상에 대해 취하는 미래의 행동을 파악하려는 것이다. 이를 통해 우리는 대상의 결속력, 우정, 사랑, 반목, 그리고 혁신을 이용하거나 위기나 폭력에서 자신을 보호하고 다음 세대를 비롯해서 자신이 보호할 책임이 있는 자를 보호하는 능력을 분석할 수 있다.

마지막 단계는 **계획적 예측**이다. 이 단계에서는 대상의 인생에 일어날 것으로 알려졌거나 일어날 가능성이 있는 미래의 사건들을 분석한다. 또한 그 대상이 자신의 미래를 계획하는 방식과 그에게 미래에 대한 계획이 있다면 그가 만들고 싶은 미래, 즉 '자기 자신이 되기'에 대해 분석한다. 이 훈련 단계는 전체 다섯 단계 중에서 가장 쉽다. 다른 단계만큼 분석하는 데 노력을 요하지 않기 때문이다. 우선 개인적·직업적·정치적 일정에 따라 발생하는 예측 가능한 사건의 목록을 만든다. 여기에 연구 기간이 끝났을 때

자기 자신 되기의 틀 안에서 우리가 이루고자 하는 것을 추가하면 된다(자기 자신 되기에 관해서는 다른 책에서 통째로 다루고 있기 때문에 이 책에서는 자세히 이야기하지 않기로 한다).

　나는 각 영역마다 직관과 통찰, 일반화와 차별화가 혼합되어 있는 심층 설문으로 작업을 진행한다. 각 대상에 따른 설문 내용은 뒤에서 자세히 소개하겠다. 이 설문을 통해 나는 가장 정확한 인과관계로 범위를 좁혀 들어가며 과거에서 교훈을 얻으려 노력하고, 현재의 중요성을 과대평가하려는 유혹에 빠지지 않으려 애쓴다. 현재는 우리가 지금 이 순간을 살고 있기 때문에 중요할 뿐이다. 인구 문제처럼 가장 안정적인 영역에서조차 나는 절대로 추세를 연장하는 것에 만족하지 않는다. 그래서 꾸준히 균열점과 두 갈래 길을 찾는다. 찾아보면 이런 것들은 무수히 많다.

　대담하다고 여길지 모르겠지만 나는 각 영역마다 일어날 확률이 가장 낮은 가설에 무게를 둔다. 대개 상상이란 엉뚱한 거라고 생각하지만 실은 현실이 더 엉뚱한 경우가 많다. 수십억 남성과 여성이 상상해서 만들어낸 산물이 바로 현실이기 때문이다. 이러한 관점에서 나는 공상과학 소설이야말로 아주 오래전부터 존재하고 있는, 인류의 마르지 않는 영감의 원천이라고 생각한다.

이렇게 다섯 가지 영역에서 얻은 각각의 답변을 바탕으로 나는 몇 페이지에 걸쳐 정해진 시간 단위 안에서 '미래의 역사'를 쓰려고 노력한다. 이때 도착지점의 사진이나 여러 가지 시나리오를 보여주는 것만으로는 만족스럽지 않다. 내가 원하는 것은 하나의 길, 단 하나의 길을 찾는 것이다. 나는 이 길을 '백색 이야기'라고 부른다.

백색 이야기는 반드시 논리적이거나 합리적일 필요가 없다. 이 이야기 안에는 의미가 모호하거나, 상식을 벗어나거나, 시적이거나, 불완전하거나, 일관성 없거나, 역설적인 문장들이 포함되어도 된다. 현실세계가 바로 그렇듯 말이다.

나는 '미래의 초석'과 '백색 이야기'와 함께 또 하나의 이야기, 즉 '흑색 이야기'도 쓴다. 이 이야기는 매우 가능성이 희박하다 하더라도 최악의 사건들이 현실화되었다는 가설하에 만들어진다.

이러한 나만의 미래 예측 기법은 자기 자신, 타인, 기업, 국가, 인류와 세계 등 가능한 모든 대상에 대해 각자 특정한 방식으로 적용할 수 있다. 자신의 미래를 예측하려면 그 미래를 좌우하는 존재의 미래를 예측하지 않을 수 없는 것이 사실이다.

이러한 훈련을 처음 하게 될 경우에는 앞에 놓여 있는 백지를 채우는 것이 그렇게 어려울 수가 없다. 고작 열흘 뒤에 우리에게 무슨 일이 일어날지에 대해 열 줄도 쓸 수 없다는 사실을 깨닫는 순간 소름이 돋겠지만 그래도 이는 유익한 일이다.

그리고 조금 연습하다 보면 얼마 지나지 않아 금세 어떻게 해야 할지 파악하게 된다. 그러려면 과감하게 돌격하는 것이 정답이다. 간단하다. 한 페이지라도 일단 써야 한다. 단, 진짜 글쓰기를 해야 한다. 자신의 미래에 대해 한 페이지를 쓰라는 것은 절대 지나치게 무리한 요구가 아니다.

이렇게 첫 훈련을 할 때 연대기는 매우 중요하다. 연대기는 시간의 구조를 세우고 뚜렷한 인과관계를 구상하게 만든다. 그래서 나는 고찰의 대상이 되는 기간 동안 이미 알려져 있거나 일어날 확률이 가장 높은 사건들을 먼저 기록한다. 그런 다음 앞서 이야기했던 다섯 단계의 예측을 통해 얻은 답변에 따라 철저하게 논리적으로 나머지 이야기를 써내려간다.

이렇게 하는 법을 배우려면 어느 날 아침, 예측 대상이 보낼 하루의 이야기를 써보는 것으로 첫 삽을 뜨라고 제안하고 싶다. 먼저 대상의 하루 일과를 적고, 혹시나 여유나 틈이 있어서 일과 외에도 무엇인가 플러스 알파가, 즉 행복하거나 불행한 사건이 더 일어날 수 있는지 살펴본다. 그런 다음 이 '플러스 알파'와 그에 따른 결과를 대상의 하루 이야기 안에 슬쩍 끼워 넣는다. 이때 위에서 언급했던 질문서의 답변을 참작한다. 이러한 일련의 과정은 꽤나 쉬워서 매일매일 반복하면서 한동안 만족감을 느낄 수 있다.

그 후에는 1주일 동안의 이야기를 써보고, 그다음 1개월, 1년으로 차츰 범위를 넓힌다. 이렇게 하다 보면 발전하기 마련이라서 금세 더 먼 미래의 이야기를 하는 방향으로 진행할 수 있다. 이 예측법은 일단 훈련이 내면화되면 매우 빨리 실행할 수 있고, 연습을 통해 자신 또는 타인의 미래를 불과 몇 분 내에 예측할 수 있게 된다. 이러한 반사적 훈련은 가혹할 수도 있고 자극적일 수도 있으며, 혹은 가혹한 동시에 자극적일 수도 있다. 또한 현재와 미래가 만나게 될 때, 자신의 예측과 현실이 얼마나 맞아떨어지는지 비교하면서 발전할 수 있다.

자신의 미래

자신의 미래를 예측하려면 무엇보다 자기 자신에게서 한 걸음 물러서서 매 순간 일어나는 우연한 사건들에 휘말려들지 않는 것이 중요하다. 그러려면 잠시 이성적으로 생각하는 시간을 가지면서 핵심적인 것에 무게중심을 두고, 집중하고, 호흡하고, 긴장을 풀고, 눈을 감아야 한다. 진정으로 무언가를 보고자 한다면 역설적이게도 앞을 보지 못하는 길을 택해야 하는 것이다.

앞서 기술한 방법에 따라 나의 미래를 예측하려면 가장 먼저 내 존재의 불변요소부터 파악해야 한다. 그래야 미래에 일어날 사건들에 대해 내가 어떻게 반응할지 그 범위를 설정할 수 있기 때문이다. 이런 불변요소를 파악하려면 '회고적 예측', 다시 말해 내 정체성과 나의 가치를 이루는 핵심을 분석해야 한다. 또한 내가 과거에 변화했던 방식과 내가 난관에 부딪혔을 때 어떻게 반응했는지, 내가 생각하는 본질적인 것은 무엇이고 내가 절대 타협하지 않는 것은 무엇인지, 그리고 내가 나 자신을 어떻게 돌보는지를 분석해야 한다. 더불어 내가 인생의 중요한 순간순간에 이러저러한 선택을 한 이유가 무엇이고, 왜 내가 다른 감정보다 하필 그런 슬픔이나 행복감을 느꼈던 것인지 스스로에게 물어야 한다.

실제로 이러한 훈련은 무척 유익하고, 종종 놀라운 결과에 도달하기도 한다. 만약 필요한 것 같으면 주저하지 말고 다른 사람들에게 그들이 생각하는 나의 본질적인 것이 무엇인지 물어보는 것이 좋다. 알고 보면 실제로는 어떤 가치에 대해 크게 중요하게 생각하지 않으면서도 자신이 그 가치에 대해서는 타협하지 않는다고 믿고 있거나 아니면 그렇게 믿고 싶거나 혹은 그렇게 믿게 만들거나 스스로에게 거짓말을 하는 경우가 아주 빈번하기 때문이다. 때때로 이 훈련 방법은 고통스럽기도 하다. 자신의 정체성과 불변요소를 알아내기 위해서는 자신의 결함과 포기하는 모습, 비굴함, 실수, 심지어 범죄까지 통찰력을 가지고 수용해야 하기 때문이다.

다음 단계는 '수명 예측'이다. 즉, 앞으로 찾아올 내 건강상태의 변화를 예측하는 것이다. 몸이 쇠약해지고 생명이 다하면 예측할 미래도 없는 법이다. 이 과정은 내 생활 방식과 내가 내 몸을 돌보는 방식을 분석하는 것으로 진행된다. 또한 건강을 유지 또는 향상시키고 내 몸에 무슨 일이 닥칠지 최대한 명확히 전망하기 위해 미래에 무엇을 할 생각인지도 분석한다. 뿐만 아니라 나의 불행을 되씹거나 이와 반대로 부정적인 생각을 멀리하기 위해 어떤 노력을 기울이는지, 정밀건강검진을 정기적으로 받고 그 결과를 있는 그대로 대범하게 받아들이는지 점검한다. 그리고 아마도 내게 남아 있는 날들이 몇 년인지도 분석 대상으로 삼아야 한다. 물론 의학은 예측보다 진단을 더 잘하며 의학적인 면에서는 많은 부분이 나 자신에게 달려 있다는 사실을 머릿속으로 명심하도록 한다.

다음으로는 '환경적 예측', 다시 말해 내 미래에 영향을 줄 수 있는 사람들의 미래를 분석할 차례다. 먼저 그들이 누구인지를 파악하고, 나와의 관계를 떠나서 그들이 어떻게 변화하는지 알아내기 위해 노력해야 한다. 내 미래에 영향을 줄 수 있는 사람들의 목록을 만드는 작업은 그 자체만으로도 시사하는 바가 크다. 과연 누가 내 미래에 영향을 미칠까? 부모님? 배우자? 자녀? 가족? 친구? 적? 직장 동료? 고객? 고용주? 여기서는 그들이 나와는 별개로 어떻게 될 수 있는지 분석해야 하는데, 그들의 현실이 좀처럼 변하지 않는다고 생각해서는 안 된다. 그들 역시 수많은 사고의 희생자가 될 수 있으며 예기치 못한 운명을 겪게 될 이유도 많다. 하지만 그렇다고 그들의 미래를 상세하게 분석할 필요는 없다. 커다란 추세만 연구하는 것으로도 충분하고, 혹시 그들이 감지할 수 없을 정도로 약한 신호를 보내고 있다면 이를 간파해내기만 해도 된다. 물론 때때로 이런 신호는 침묵 중에 전달되기도 한다.

그다음 차례는 바로 '감정적 예측'이다. 이것은 앞서 환경적 예측 단계에서 찾아낸 사람들이 나에게 취하는 행동을 파악하는 것이 목표다. 그들은 변함없이 믿음직하거나 충실할 수 있지만 반대로 나의 적이 될 수도 있다. 그들은 다른 곳에서 다른 방식으로 살기로 결심할 수도 있고, 나를 필요로 하지 않거나 내게 등을 돌릴 수도 있다. 이 사람들의 행동을 파악하게 되면 내가 그들과 결속력을 다지거나 유지하는 능력, 위협으로부터 나 자신을 보호하는 능력, 분노와 균열 및 이별을 예측할 수 있는 능력을 파악할 수 있다. 그런데 분노나 균열, 이별은 반드시 예고 신호를 보내기 마련이므로 이 신호를 놓치지 않도록 살피는 것이 중요하다. 여기서도 미약한 신호를 감지하는 것이 관건인 셈이다.

마지막 단계는 내가 미래의 나를 계획하는 방식을 분석하는 '계획적 예측'이다. 먼저, 선택한 기간에 일어날 것이 확실하거나 거의 확실한 사건들의 정확한 목록을 분석한다. 그런 다음 미래에 대한 나의 계획을 분석한다. 내 본질을 고수하여 마지막까지 살아남는 것만이 내 계획이 된다. 또는 내 계획에는 현재 상태와 가깝거나 먼 계획, 즉 자기 자신 되기가 포함될 수도 있다. 이 지점에서 '자기 자신 되기'는 '자기 자신 예측하기'와 연결된다. 하지만 모든 현실적 제약을 무시하기로 한 것이 아니라면, 또한 자기 자신 되기를 환상이나 거짓말하고 싶은 욕구의 표현으로 깎아내리는 것이 아니라면, 자기 자신 되기와 자기 자신 예측하기는 분명하게 서로 구분된다.

이와 같이 다섯 가지 개인적인 예측을 수립하고 여기서 자신의 '미래 이야기'를 도출하기 위해, 우리 각자는 체계적이고 심오한 자기성찰에 뛰어드는 선택을 할 수 있다. 이것은 본론에서 벗어나 길을 잃고 헤맬지도 모르는 어려운 훈련이다. 따라서 방황하는 상황에 처하지 않으려면 각자 다음에 소개되어 있는 질문서의 질문에 답하기 바란다. 이 질문서는 다섯 가지 예측 단계에 나오는 문제들을 열개의 테마로 분류해놓은 것이다. 시간 단위는 수일에서 수십 년까지로 미리 선택되어 있다.

다음 질문들을 읽으면서 1차적 답변을 해보기 바란다. 여러분의 미래에 대해 많은 것을 배울 수 있을 것이다. 그러므로 질문은 천천히 읽도록 하라!

- 당신이 생각하는 당신의 불변요소를 어떻게 규정하겠는가?
- 과거에 당신은 자신에게 일어난 중요한 사건들을 정확히 예측했는가? 당신이 예상치 않았던 개인적인 혹은 개인적이지 않은 중요한 사건들을 경험하고 놀랐

던 적이 있는가? 이 경우 당신은 어떻게 반응했는가? 이러한 경험에서 교훈을 얻었는가? 당신이 생각하기에 이 사건들은 충분히 예측할 수 있었던 것인가? 당신이 저지른 실수에서 무엇을 배웠는가? 당신의 비굴한 행동과 결함, 성공, 좌절에서 무엇을 배웠는가?

- 당신은 당신에게 일어나거나 당신에게 영향을 줄 수 있는 사건들이 당신의 미래에 미칠 논리적 결과를 도출하기 위해 노력하는가?

- 당신은 자신의 신체와 정신, 역량을 유지하고 존중하기 위해 무엇을 하는가? 운동을 하는가? 정기건강검진을 받는가? 교육을 받는가? 책을 읽는가? 이런 노력들을 얼마나 하는가? 매달 하는가?

- 배우는 것을 좋아하는가? 배움을 통해 어떤 뜻밖의 선물을 받게 될 것이라 기대하는가? 완전히 이질적인 변화가 생긴다면 이것을 좋은 소식, 또는 최소한 하나의 도전으로써 받아들일 준비가 되어 있는가? 특히 자기 자신에 대해 비판적인 사고를 유지하기 위해 당신은 무슨 노력을 하는가?

- 당신에게 어떤 사건이 일어날지 짐작하고 있는가? 1년,

5년, 20년 후 당신이 살아갈 개인적·직업적·국가적·세계적 환경이 어떠할지 예상하고 있는가?

- 당신은 최악의 시나리오를 그리고 있는가? 당신에게 닥칠 수 있는 최악의 사건들에 대해 생각해보고 있는가? 그런 사건들이 일어났을 때 어떻게 반응할 것인지 대비하고 있는가?

- 다른 사람들을 친구, 파트너, 상관없는 사람, 라이벌 등으로 구분해서 그들이 당신에게 취하는 행동을 연구하는가? 당신의 적과 경쟁자의 명단을 업데이트하는가?

- 당신이 기댈 수 있는 사람들의 명단을 만들어놓았는가? 당신에 대한 그들의 신의를 유지하기 위한 전략을 마련해두었는가? 특히 다음 세대의 신의를 유지하기 위해서는 어떻게 하고 있는가?

- 당신은 20년 후에 대한 계획이 있는가? 5년 후에 대한 계획은 어떠한가? 다음 해에 성취하고자 하는 것의 리스트를 만드는가? 당신은 다음 3개월 동안의 일정을 매주 검토하는가?

위 질문들을 가벼이 생각해서는 안 된다. 질문 하나하나에 대한 답변은 세심하게 다루어져야 한다. 적어도 1년에 한 번은 머릿속으로 이 질문들에 대해 정직하고 깊이 있게 답할 수 있는 여건을 조성해야 한다. 꾸준히 연습하다 보면 이 작업은 30분도 안 되는 짧은 시간 안에 다 끝낼 수 있다.

이렇게 해서 나온 예측들을 토대로 하면 원하는 시간 범위 안에서 자기 자신을 예측하는 하나의 이야기, 즉 '미래의 초석'을 만들 수 있고, 최악의 가설들을 바탕으로는 '흑색 이야기'를 쓸 수 있다. 각각 네 페이지 분량으로 쓰면 된다. 그 이상 쓸 필요도 없다. 그리고 앞서 말했듯, 이 네 페이지는 반드시 합리적이거나 논리적인 이야기로 채워져야 할 필요도 없다. 애매모호한 이유를 제시해도 좋고 기이하거나 시적이거나 일관성 없게 논증을 전개해도 좋다.

이렇게 하는 방법을 배우려면 앞서 기술했던 일반적인 방법을 그대로 활용하라고 추천한다. 어느 날 아침 그날 하루에 대한 이야기를 하는 것으로 시작하는 방법 말이다. 먼저, 예정된 시간표와 개인적 약속 혹은 직업상의 미팅 이야기를 한다. 여기에 덧붙여서 그날의 환경과 세상에 대해 묘사하고, 당신에게 중요한 사람들의 상황을 예측해서 이야기한다. 여기까지는 누구나 할 수 있다.

이렇게 일상적인 일과를 기술한 다음 플러스 알파, 즉 행복하거나 불행한 사건이 일어날 수 있는 여유와 빈틈이 있는지 살펴본다. 그런 다음 이 '플러스 알파'와 그로 인한 결과를 당신의 하루 일과 이야기에 슬그머니 끼워 넣자. 이때 질문서의 질문들에 대해 답했던 내용을 참작한다. 이 작업만 해도 앞서 했던 단순 일과의 서술만큼 손쉽지는 않기 때문에 한동안은 매일 이 작업을 반복해서 하는 것에만 만족하면 된다. 그런 다음 마찬가지 방법으로 다가올 1주일의 이야기를 쓰고, 점차 1개월, 1년의 이야기로 확장시킨다. 일단 이 작업이 내면화되면 금세 더 먼 미래에 대한 이야기를 할 수 있게 된다.

이렇게 작성한 이야기는 최소한 1년에 한 번씩 다시 쓰고 최소한 3개월마다 참조해야 한다. 마지막으로 매일 5분씩 투자해서 여러분 자신을 점검하고, 자신이 쓴 이야기를 읽은 소감과 이 이야기의 내용이 현실화되는 과정에서 어떻게 변화했는지를 확인하도록 한다.

이 모든 과정을 다 마치면, 자신의 미래에 대한 전망이 금세 명확해지는 것을 알 수 있을 뿐 아니라 자신의 예측이 점점 더 유효해지는 것을 확인하고 놀라게 될 것이다. 더불어 자기가 자신의 운명에 점점 더 영향을 미칠 수 있음을 알게 될 것이다.

심지어 나 역시 놀라운 사실을 확인할 수 있었다. 이러한 과정을 진지하게 밟으면, 내가 가진 계획과 욕망 중에서 내 행동에 좌우되지 않고 실현 불가능한 것조차도 현실이 되는 장면을 확인했던 것이다. 마치 자기 자신 예측하기가 자석처럼 자기 쪽으로 자기 자신 되기의 조건들을 잡아끄는 역할을 한 것 같았다. 그리고 쇄빙기라도 된 듯 눈앞에 놓여 있는 장애물을 제거해주었다.

사실, 이렇게 미래를 예측하는 행동을 하면 불가사의하게도 우리에게 운명을 움직이는 힘이 생긴다. 그 이유는 우리의 말에 세상이 더 많이 귀 기울이고 거기에 더 많은 에너지를 투입하게 되기 때문인 것 같다.

자신의 꿈을 실현하려면 일단 꿈이 있어야 한다. 그리고 자신의 인생 행보에 가로놓인 장애물을 파악하기 위해 노력하는 것도 중요하다. 또한 꿈을 실현하는 일이 자신의 역량이 미치는 범위 안에 있음을 확신할 수 있도록 필요한 여건을 조성하는 것도 중요하다. 하지만 이 부분이 가장 난해하다는 것은 분명하다. 때문에 이러한 예측 기법은 러브스토리에 관해서는 거의 기능을 발휘하지 못한다.

타인의 미래

앞서 살펴본 바와 같이, 우리 각자가 '자기 자신을 예측'하려면 다른 이들의 미래를 예측해야 한다. 여기서의 다른 이들이란 우리와 가까운 사람들, 우리와 관련 있는 회사, 우리가 현재 살고 있거나 혹은 앞으로 살고 싶어 하는 나라, 그리고 인류와 세상을 말한다.

다른 이들이 우리에게 미칠 수 있는 영향과 별도로 우리는 단순한 관심 때문에 그들의 미래를 예측하고 싶어 하기도 한다. 이것은 가족적인 관심일 수도 있고 다른 이유 때문일 수도 있다.

다른 사람의 미래를 예측할 때에도 앞서서 자기 자신

의 미래를 예측할 때와 같은 길을 가야 한다. 우선, 우리는 우리가 미래를 예측하려는 사람의 과거와 그가 추구하는 불변의 가치를 파악하기 위해 '회고적 예측'을 분석해야 하는데, 그러려면 당사자에게 직접 물어보거나 만약 이것이 불가능하다면 다른 방법을 써야 한다. 그런 다음 '수명 예측' 과정을 통해 그가 자신을 돌보는지, 운동과 건강 검진을 하는지, 섭취하는 음식에 신경을 쓰는지, 낙관적이고 긍정적인지 아니면 우울한지 등을 파악한다. 사실 우리 모두는 누군가를 만나면 직관적으로 이런 분석을 한다. 몇 초 혹은 몇 시간 동안 상대의 걸음걸이, 자세, 옷매무새, 웃는 모습, 세상을 보는 시각, 손을 움직이는 모습 등을 보고 평가하는 것이다.

다음 단계는 그 사람에게 영향을 끼칠 수 있는 사람들의 미래를 분석하는 '환경적 예측'이다. 이렇게 하려면 먼저 그 사람 친구들의 명단을 만들고 그가 누구에게 의지할 수 있는지, 또 그의 적은 누구인지 파악한다. 이 작업을 마치면 '감정적 예측'을 통해 그가 우정, 사랑, 반목, 결속력을 맺고 위협으로부터 자신을 보호하는 능력을 파악한 뒤 마지막은 '계획적 예측'으로 마무리한다. 즉, 이미 명시적으로 그에게 영향을 미칠 것으로 예측된 사건들의 목록을 만드는 것이다. 그리고 혹시 가능하다면 그의 계획도 파악한다. 이와 같은 과정에서도 수일에서 수십 년에 이르기까지 예측 대상이 되는 기간을 정해야 한다.

이와 같은 예측 단계를 밟으려면, 예측 대상과 충분한 신뢰관계에 있을 경우에는 앞서 제시했던 질문서의 내용(이 얼마나 아름다운 대화 소재인가!)을 직접 질문하고 그에 대한 답변을 듣도록 한다. 만약 그렇게 할 수 없다면 대화 내용을 바탕으로 답변에 해당하는 내용을 유추하도록 한다. 질문서의 질문에 대한 그의 대답이 전반적으로 폐쇄적이라면 그의 미래는 간결하고 다른 사람들에게 많이 좌우될 것이고, 만약 답변이 긍정적이라면 그의 미래는 길고 유망할 것이다.

이렇게 해서 우리는 그 사람의 미래에 대한 이야기를 우리 자신의 미래 이야기를 들려주듯 이야기할 수 있다. 게다가 타자성他者性이 지니는 객관성을 가지고 객관적으로 이야기할 수 있다.

기업의 미래

　　　　　한 개인이 자신이 일하는 혹은 일하고 싶은 기업의 미래를 예측하는 일은 그 자신의 미래를 예측하는 데 매우 중요할 수 있다. 기업이 개인의 활동과 관련 있거나 그 외 수많은 이유가 있을 경우에도 마찬가지다. 그러므로 기업의 미래를 예측하는 것은 그저 이론적인 작업일 뿐만 아니라 자기 자신을 예측하는 데 필요한 하나의 조건이 된다.

　이때에도 예측할 시간의 범위를 미리 정해야 하는데, 기업의 경우에는 20년 이상을 넘기가 어렵다. 또한 이론상으로는 이 작업 역시 기업의 지도자, 임원, 고용인, 재무

가에게 직간접적으로 다섯 가지 영역의 예측(회고, 수명, 환경, 감정, 계획적 예측)에 대해 질문할 수 있다는 것을 전제로 한다. 앞서 사용한 질문지의 내용을 사전에 상황에 맞게 살짝 조정하여 질문한다면 좀 더 간편할 것이다.

- 기업의 정체성은 무엇인가? 기업이 추구하는 기본적인 가치는 무엇인가?

- 과거에 예기치 못한 사건이 발생했을 때 기업은 어떻게 반응했는가? 위기나 실패, 성공에 직면했을 어떻게 반응했는가? 이런 경험에서 교훈을 얻었는가?

- 기업의 온전한 모습을 존중하고 또 존중받기 위해 기업은 무엇을 하는가? 기업의 특성을 지키기 위해 무엇을 하는가?

- 사람들은 기업에서 배우는 것을 좋아하는가? 특히 자신의 습관과 행동에 반하는 비판적 사고를 발전시키고, 관용을 베풀고, 활동을 고취시키는가? 모든 변화를 좋은 소식으로 받아들일 자세가 되어 있는가?

- 기업은 경쟁자와 고객, 공급자, 기술, 고용인의 미래를 예측하려고 노력하는가?

- 기업은 자사가 의지할 수 있는 사람들의 명단을 만들었는가? 또한 그들의 신의를 지키기 위한 전략을 가지고 있는가? 기업은 협력 상대를 양성하는가? 최고의 재능을 추구하는가? 그리고 그 재능을 보존할 줄 아는가?

- 기업은 인사, 기술, 노조, 재무, 경쟁 분야에서 최악의 시나리오를 작성하는가? 그리고 이렇게 내놓은 최악의 시나리오마다 대응 방법을 마련해두었는가?

- 기업에서 사람들은 1년, 5년, 20년 후 자신을 둘러싼 환경이 어떻게 변할지 생각하고 있는가? 기업은 감시 장치를 가동하고 있는가?

- 기업은 세계나 가까운 환경, 자사의 기술력이나 고객, 영업기한이나 재무기한 측면에서 자사의 생존이나 발전에 핵심이 될 미래의 사건들을 파악하고 있는가? 기업은 20개년 계획을 세웠는가? 5개년 계획은 있는가?

- 기업은 오늘날 자사가 수행하는 업무가 미래의 어느 날 사회적으로나 기술적인 변화로 인해 사라져버렸을 때 이를 대신할 새로운 직업군에 대해 깊이 있게 고찰하고 있는가? 그리고 이러한 상황에 대처하고 있는

가? 이와 관련해서 20개년 계획을 가지고 있는가? 최
소한 5개년 계획은 있는가?

우리는 접촉할 수 있는 모든 정보원에게 질문하여 직접
답변을 얻거나 외부에서 답변을 추측하는 방법으로 기업의
현재 모습과 미래의 모습, 즉 '기업의 미래 초석'을 그릴 수
있다. 그리고 이와 동시에 기업에게 닥칠 수 있는 최악의
상황을 모두 모아둔 '흑색 이야기'도 작성할 수 있다.

이번에도 위의 여러 질문에 대한 답변 내용이 전체적으
로 부정적이라면, 그 기업의 미래에는 파산의 위험이 도사
리고 있다. 반대로 답변 내용이 긍정적이라면 기업의 미래
도 긍정적으로 생각할 수 있다.

기업과 관련된 모든 이해당사자들(경영진, 고용인, 노조, 주
주, 납품업체)은 적어도 5년 단위의 미래 예측을 최소한 1년
에 한 번씩은 실시해야 한다. 이를 위해서는 개개인 모두가
한 사람의 미래 이야기를 쓸 때와 마찬가지 방법을 활용해
야 한다. 질문지에 대답한 뒤, 하루를 예측하는 것을 시작
으로 그다음에는 1주일, 그 후는 1년을 예측한다. 최종적
으로는 네 페이지 분량의 글을 완성하는 것이다. 네 페이

지 이상 쓰는 것은 의미가 없다.

　이러한 작업을 반복해서 자주 하다 보면 뜻밖의 결과를 얻기도 하고, 실패를 모면하거나 예상이 들어맞는 경우도 발생한다. 또한 앞서 3장에서 언급했던 대로, 주식시장의 예측 기법으로 얻은 결과와 차이가 나는 경우도 생긴다.

국가의 미래

개인이 자신의 미래를 예측하는 데는 자신이 현재 살고 있거나 앞으로 살고 싶은 나라, 자신의 미래에 영향을 줄 수 있는 나라의 미래를 예측하는 것도 바탕이 된다. 또한 국가 지도자들 역시 정치적 전략을 결정하기 위해 자국의 미래를 예측하여 이를 국민과 공유하려 할 수 있다. 물론 자신의 미래를 예측하는 것과는 무관하게 순수히 한 나라의 미래에 관심이 있을 수도 있다.

계획경제의 가치가 실추된 현재, 이러한 정치적 예측은 한 국가의 생존에 핵심적이라 할 수 있다. 국적을 불문하고 모든 기업이나 개인은 예측 가능한 나라 혹은 미래를 예측할 수 있도록 모든 노력을 기울이는 나라에서 편안하게 투자하며 살고 싶어 한다. 이런 측면에서 보면 정치적 예측은 그 나라가 가지는 미래의 열쇠라고까지 할 수 있다.

국가의 미래를 예측하려면 우선 그 나라의 '회고적 예측', 즉 그 나라의 역사, 지리, 문화, 요리, 음악, 여성과 남성의 패션, 해양에 대한 태도, 회복탄력성부터 연구해야 한다. 한 나라의 요리를 보면 그 나라의 문화적 정체성과 토양, 가족, 다양성에 대한 태도를 상당히 많이 파악할 수 있다. 음악 역시 한 나라가 폭력을 통제하는 능력과 국경을 넘어 뻗어나갈 수 있는 능력을 가늠하게 해준다. 여성 패션을 보면 그 나라의 관습에 깃들어 있는 대담함과 새로운 것을 접했을 때 끌리는 정도를 알 수 있고, 본디 비교적 안정적 특성을 지닌 남성 패션은 그 나라의 기본적인 불변요소를 보여준다. 해양에 대한 한 나라의 태도는 다른 나라와의 관계를 발전시키는 그 나라의 방식 그리고 그 나라가 변화와 새로운 것, 낯선 것, 다른 것을 받아들이는 방식을 대변한다. 회복탄력성은 그 나라가 과거에 충격을 받았을 때 어떻게 반응하고 대응했는지, 혹은 어떠한 방식으로 적과의 동침을 실행했는지 짐작케 해준다.

이 과정이 끝나면 '수명 예측'을 실시해야 한다. 다시 말해 그 나라의 인구와 가족에 대한 태도를 검토해야 한다는 뜻이다. 여기서의 핵심은 바로 인구 문제다. 한 나라의 핵심적인 미래는 바로 인구에 달려 있기 때문이다. 특히 연령 피라미드를 보면 한 국가의 미래의 역사를 다각적인 측면에서 파악할 수 있다. 학교, 병원, 공공투자와 관련해서도 인구 예측은 필요하다. 인구를 보면 한 나라가 세금을 징수하는 능력은 물론 은퇴자의 소득과 의료시스템에 재원을 조달하는 능력을 파악할 수 있다. 마지막으로 인구는 한 나라의 새로운 것에 대한 취향과 미래의 남녀관계를 짐작케 해준다.

그다음에는 연구대상 국가의 미래에 영향을 줄 수 있는 나라들의 미래를 개괄적으로 기술하는 '환경적 예측'을 실시한다. 이를 위해서는 연구대상 국가의 동맹국과 적국, 다소 가까운 관계를 유지하는 국가들의 명시적 명단을 먼저 작성해야 한다. 그런 다음 각 국가별 미래를 간략하게 파악한다.

다음 과정은 예측대상 국가와 이 국가를 둘러싼 환경 사이의 관계, 이 국가가 외국인을 수용하고 동맹관계를 맺고 위협으로부터 스스로를 보호하는 능력을 분석하는 '감정적 예측' 단계다. 이를 위해서는 그 국가의 해양에 대한 태도와 항구를 보유하고 있다면 항만 능력을 연구하는 것이 특히 중요하다. 그 이유는 일반적으로 항구를 통해 새로운 것이 도입되기 때문이다.

마지막 '계획적 예측' 단계에서는 그 국가가 미래를 계획하는 방식, 자국의 정체성을 생각하는 방식, 그 정체성을 보호하고 쇄신하는 방식을 분석한다. 그러려면 가장 먼저 선거기간이나 국제행사조직과 같이 미래에 있을 국가 차원의 주요 행사를 파악해야 한다. 그런 다음 그 나라 안에서 유독 빠르게 변화하는 분야에서 감지할 수 있는 미약한 변화의 신호를 찾아야 한다. 이러한 미약한 신호 가운데에는 그 국가에서 (만년필이나 시계처럼) 가격등급 간의 차이가 큰 제품을 사용하는 방식도 포함된다. 사실 나는 아주 오래전에 바로 이 만년필을 관찰하면서 언젠가 중산층이 사라질 위험이 있다고 생각했다(만년필을 보면 점점 중간 가격대 제품이 자취를 감추면서 싼 제품과 비싼 제품으로 양극화가 진행되고 있음을 알 수 있다).

이처럼 한 국가의 미래에 대한 예측을 내놓는 작업을 개인 자신을 위해 진행하는 경우에는 자기 집 서재 안에서 남몰래 해도 되지만, 이것을 공론화할 정당한 이유가 있다면 국가 차원에서 대토론의 장을 마련할 수도 있다. 어떤 경우이건 미래 예측 작업을 수행하려면 아래 질문 내용에 답변을 해야 한다. 여기서도 시간 범위를 설정해야 하는데, 이번에는 5년에서 수 세기에 이르기까지 광범위하게 선택할 수 있다.

- 국가가 자국의 기후, 지리적 위치, 인구로 규정되는가? 항구의 지위, 요리, 음악으로 규정되는가? 국가는 자국의 역사를 인식하고 있는가? 자국의 유산, 가치, 언어, 문화를 인식하고 있는가? 특히 국가가 행했던 용맹한 행동과 비굴한 행동에는 어떤 것이 있는가? 국가는 자국의 정체성을 정의할 수 있는가?
- 과거에 외부의 침략을 받았을 때 국가는 어떻게 대응했는가? 그런 경험으로부터 교훈을 얻었는가?
- 자국의 거주민들이 자유롭고 민주적으로 배우고, 정보를 얻고, 토론하고, 행동할 수 있도록 국가가 모든 노력을 기울이고 있는가? 이 나라에서는 비판적인 사

고를 발전시키고 고쳐시키는가?

- 국가는 모든 변화와 방문자, 외국인을 두 팔 벌려 기꺼이 받아들일 자세가 되어 있는가?
- 국가는 자국과 동반자 관계에 있는 국가나 적대적 관계에 있는 국가의 미래를 파악하고자 노력하고 있는가?
- 국가는 적국 명단을 업데이트하고 있는가? 최악의 시나리오에 대해서 깊이 생각해보았는가? 그리고 최악의 시나리오 각각에 대한 대응 방안을 준비해두었는가?
- 국가는 자국이 신뢰할 수 있는 대상의 명단을 업데이트하고 있는가? 이들의 신의, 특히 미래 세대의 신의를 유지하기 위한 전략을 개발해두었는가?
- 국가는 1년, 5년, 20년 후의 세계에 대한 뚜렷한 비전을 지니고 있는가? 국가, 혹은 일시적으로 국가를 책임지고 있는 정부라도 20개년 계획이나 5개년 계획을 가지고 있는가?

위의 질문에 대한 답변을 바탕으로 하면 한 국가의 '미래의 초석'을 도출할 수 있고, 그러면 30년 후에 그 나라에서 사는 것이 좋을지의 여부를 예측할 수 있다. 뿐만 아니라 질문의 답변 내용을 토대로 하면 '흑색 이야기'를 도출해서 최악의 시나리오가 현실이 되지 않도록 필요한 조처를 취하며 대비할 수 있다. 나는 개인적인 용도로 프랑스를 비롯한 여러 나라들에 관해 이런 자료를 작성할 일이 많았는데 그 과정에서 많은 것을 배웠다.

물론 국가가 매년 이와 같은 자료를 만든다면 분명 이상적일 것이다. 이 경우에도 5년을 최소 기간으로 잡아 네 페이지 분량의 미래 예측 보고서를 만들도록 한다. 이런 자료가 만들어져서 공개되면 매년 민주적인 대토론의 장이 열리는 계기가 될 것이고, 그 국가의 현주소와 앞으로 어떤 방향으로 나아갈지를 지속적으로 보여줄 것이다. 제대로 잘 만들어진 이러한 자료는 정치가가 자국을 빛나는 미래로 인도하는 데 확실한 주춧돌 역할을 충분히 할 수 있다. 모든 대선 후보 각자가 이런 국가 미래 예측 자료를 의무적으로 만들고 어떤 방식으로 그것을 작성했는지 설명하는 날이 오기를 꿈꿔본다.

인류의 미래

마지막으로, 아주 이기적으로 들릴지 모르지만, 인류와 지구의 미래를 예측하는 일은 자기 자신을 예측하는 데 반드시 필요하다. 사람이 살 수 없어졌다거나 그렇게 되는 과정에 있는 지구에서는 아무도 생명을 유지할 수 없고, 다음 세대가 더 살기 힘들어지는 것은 물론이기 때문이다. 나는 앞서서 어떤 면에서 다음 세대가 현재세대의 생존에 필요한지 지적한 바 있다.

인류의 미래를 예측하는 데도 지금까지와 동일한 기법이 적용된다. 불변요소를 구하고, 굵직한 추세와 미약한 신호를 감지한 다음, 불변요소에 영향을 줄 수 있는 것은 모두 분석한다. 따라서 여기서도 내가 '회고적 예측'이라 이름 붙인 과정을 수행하는 것부터 시작해야 한다. 다시 말해 과거 인류가 지나온 여러 단계와 인류의 정체성을 이루는 것, 인류를 동물과 구별해주는 것, 인류의 강점과 약점이 되는 것을 하나하나 기술해야 한다. 또한 과거 인류가 어떤 면에서 행동을 잘했고 또 못했는지, 어떤 부분에서 최악의 능력을 보였는지를 분석해야 한다. 그리고 만약 인류가 변화해온 방향을 파악할 수 있다면 어떤 방향으로 변화했는지, 과거의 변화 과정 중에 불변요소가 존재했는지도 기술해야 한다.

그 뒤를 잇는 것이 바로 '수명 예측' 과정이다. 이 과정의 핵심은 다각적인 측면에서 전 세계 인구 변화를 예측하여 그 분석결과를 도출하는 것이다. 이런 방법을 통하면 연령별·대륙별 인구구성과 출생률, 성비, 도시와 농촌 간 인구분포, 일시적 또는 영구적 인구이동 등을 파악할 수 있다. 그런 다음 이 모든 자료를 토대로 세대 및 성별 간의 권력관계와 노동, 고용, 인플레이션 또는 가격안정에 대한 선호도, 관습, 유행, 이데올로기, 사상의 흐름을 거의 확실하게 이끌어낼 수 있다.

다음 단계는 '환경적 예측'이다. 이 단계에서는 우리가 미래의 다른 생명체와 천연자원, 해양, 삼림, 기후, 그리고 더 일반적으로 미래의 우주에 대해 알고 있는 것을 요약 정리한다.

이어지는 '감정적 예측' 단계에서는 장차 인류와 인류를 제외한 지구 및 우주 사이에 벌어질 상호작용을 기술한다. 특히 인류가 자신의 동맹으로서 자연과 지구, 대기, 해양을 다루는 능력을 분석한다.

마지막으로 '계획적 예측' 단계는 인류에게 닥칠 것이 다소 확실한 굵직굵직한 사건(기술, 문화, 사상에 있어서 거대한 변화의 물결)과 인류가 미래를 계획하는 방식, 즉 인류가 자신을 위해 키워온 계획이 있다면 그것을 분석하는 것이다.

이번에도 질문지의 답변 내용을 중심으로 정리하면 된다. 앞선 경우들과 마찬가지로 시간 범위를 미리 정해야 하는데, 이번에는 1,000년 이상으로 범위를 넓혀도 된다.

- 인류는 자신의 역사를 인식하는가? 그리고 그 역사에 자부심을 느끼는가? 인류는 자신의 정체성을 정의할 수 있는가?

- 인류는 외부의 공격을 받았을 때 어떻게 대응했는가? 또한 인류 자신의 광기나 비굴함에 대해서는 어떻게 대응했는가? 그리고 그런 경험들로부터 교훈을 얻었는가?

- 인류는 구성원들이 배움의 기회를 가질 수 있도록 모든 노력을 경주하는가? 인류 안에서 비판적인 사고를 발달시키고 고취시키는가? 자유도 그렇게 하고 있는가?

- 인류는 모든 변화와 새로운 종의 탄생을 기꺼이 받아들일 준비가 되어 있는가?

- 인류는 1년, 5년, 20년, 100년, 1,000년 후 자신이 살아갈 세상에 대해 뚜렷한 비전을 가지고 있는가?

- 인류는 동반자들의 미래를 파악하려고 노력하는가? 특히 다른 종種들의 미래에 대한 분명한 비전이 있는가? 천연자원과 기후의 미래에 대한 전망을 가지고 있는가?

- 인류는 자신에게 가해지는 위협과 적들의 명단을 업데이트하고 있는가? 특히 인류 스스로가 자신의 잠재적 적이 될 수 있다고 생각하고 있는가?

- 인류는 최악의 시나리오에 대해 깊이 생각해보았는가? 그리고 최악의 시나리오 각각에 대한 대응방법을 마련해두었는가?

- 인류는 자신이 기댈 수 있는 자들의 명단을 업데이트하고 있는가? 그리고 인류에 대한 그들의 신의, 특히 미래 세대의 신의를 잃지 않기 위해 전략을 개발했는가?

- 인류는 정해진 시간 범위 안에서 의미 있고 예측 가능한 사건들을 만나게 될 것인가? 인류는 이 시간 범위 안에서 미래의 계획을 가지고 있는가?

위의 질문들에 대한 답변을 토대로 우리는 인류의 '미래의 초석'을 기술하고 이를 바탕으로 다시 '흑색 이야기'를 쓸 수 있다. 흑색 이야기에서는 모든 것이 잘못되거나 최악의 예측이 현실화할 경우 인류가 어떻게 사라질 수 있는지 기술한다.

이런 식의 예측을 하고 이런 질문을 스스로에게 던지는 습관이 생기면 그 과정을 신속하게 끝내는 것이 가능해진다. 거의 반사적으로 하게 된다는 말이다. 그리고 우리가 세상을 전혀 다른 눈으로 바라볼 수 있음을 금세 깨닫게 될 것이다. 이는 훌륭한 공개논쟁에 불을 지피는 계기로 작용할 수 있다.

나는 『미래의 물결』에서 바로 이런 종류의 미래 예측 기법을 사용하여 인류의 향후 50년에 대해 이야기했다. 또한 이 책의 서문은 향후 50년의 인류 '미래의 초석'에 대한 네 페이지짜리 이야기의 좋은 사례다.

우리는 이와 같은 인류의 미래 이야기를 유엔총회에서 작성하고 매년 그 내용을 두고 논쟁을 벌이기를 꿈꿔본다. 그렇게 되면 인류의 자의식에 심오한 변화가 일어날 것이다. 이런 미래 이야기에는 현재 국제기구에서 만들기 시작한 일시적이고 매우 단순화된 여러 목표들(순전히 정량적인)을 훨씬 앞지르는 내용이 담길 것이다.

게으름은 예측의 최대 적이다. 반면 예측은 자유의 최고 동맹이다. 우리 각자뿐 아니라 인류 전체에 있어 최악인 블랙 시나리오가 현실이 되지 않도록 막아줄 수 있는 유일한 방법이 바로 예측이다.

그러므로 용기를 내어 미래를 예측해야 하고, 예측하는 데 시간을 할애해야 한다. 그렇게 하다 보면 예측이 생각보다 어렵지 않다는 사실을 금세 깨닫게 되고, 예측에 몰두하면 자기 자신과 다른 사람들에 대해 끝없이 배우게 된다는 것도 알게 된다.

우리는 가능한 모든 기법을 예측에 동원할 수 있으며 또한 그렇게 해야만 한다. 여기에는 가장 낯선 기법이나 가장 오래된 기법도 전부 포함된다. 물론 수상술이나 점성술을 곧이곧대로 보았을 때 이것이 불합리하다는 사실은 의심의 여지가 없다. 뿐만 아니라 나뭇잎이나 커피 찌꺼기가 떨어지는 모습, 새가 날아가는 모습을 관찰한다고 해서 무엇이건 예측하는 데 도움이 될 수 있다는 생각은 도저히 믿기 어렵다. 하지만 특히 최근의 예측 기법들을 보면 별자리가 날씨와 사람들의 기분에 매우 간접적이긴 하나 확실한 영향을 미친다는 사실을 알 수 있다. 뿐만 아니라 우리는 사람들의 외모가 다른 이들의 마음을 사로잡고 설득하는 능력에 영향을 주며, 우연이 운명에 영향을 끼친다는 것도 알게 되었다. 물론 미약한 신호의 원인을 분석하는 꿈의 기능을 아직은 속속들이 다 알지 못하는 것도 사실이고, 어떤 사람들이 지니고 있는 직관력, 전체적인 분석력, 예감, 예지력의 비밀도 다 밝혀지지 않았다. 다만 이런 사람들은 주로 화가, 음악가, 소설가, 시인들 중에 많다. 그런데 역逆으로 우리 각자는 미래를 예측하는 노력을 하는 과정 중에 자신의 창의적이고 예술적인 능력을 드러낼 수 있다.

따라서 이러한 재능을 계발하는 것은 우리 각자의 몫이다. 이것이야말로 앞서 우리가 미래를 예측하는 훈련을 했던 목적이다. 이 작업은 미래를 예측하도록 이끌 뿐 아니라 현재의 부담에서 벗어나 꿈을 꾸고, 대범하게 행동하며, 창조하도록 인도한다.

개인 한 명 한 명이 모두 이 작업을 수행하는 세상을 한번 상상해보라. 그들이 모두 이러한 통찰력을 지니게 되면 개인과 집단의 미래는 크게 달라질 것이고, 그러면 어느 누구도 그냥 손을 놓고 아무것도 하지 않거나 맹목적으로 행동할 수는 없을 것이다. 누구도 기계의 독재를 순순히 받아들이고 자신의 이기심만 채우는 것으로 만족하지 않을 것이며, 더 이상 그 누구도 다른 자들이 정해놓은 인생의 터널에 갇혀 있거나 체념에 빠져 있지는 못할 것이다.

이와 같은 보편적인 통찰력은 실현 불가능한 것이기는 하나, 이것을 기대하며 미래 예측 기법을 배우는 노력을 하는 사람들은 그들의 인생과 창의력, 다른 사람들과의 관계에 커다란 변화가 일어나는 경험을 금세 하게 된다. 그런 사람들이 명심해야 하는 사실이 또 있다. 미래를 예측하는 일은 행동으로 옮기라는 호소이며, 무지의 베일을 걷

어내는 순간 모든 것이 달라진다는 사실 말이다. 이때에는 두려움조차 행동의 추진력이 되고, 슬픔마저도 기쁨의 장애물이 될 수 없다. 미래를 예측하면 슬픔 그 너머를 생각하게 되고 어쩔 수 없이 슬픔이 희미해지는 순간을 생각하게 되기 때문이다.

나는 이러한 미래 예측 기법을 수없이 많이 사용해왔기 때문에 이 기법의 뛰어난 창의력과 자동실현능력을 직접 증언할 수 있다. 신비스럽게도 예측된 미래가 실현되게 하려면 이 예측 기법들을 진정으로 믿으면 된다. 그렇다. 일견 비현실적인 것처럼 보이는 예측이더라도 이것을 믿으면 이 예측이 현실이 되는 데 기여할 수 있는 것이다.

개개인의 삶은 거대한 성당과 같다. 삶을 살기 전에 삶을 꿈꿔야 하고, 삶을 살기 위해 삶을 꿈꿔야 한다. 살아 있는 동안 자신이 꿈꾼 삶을 모두 완수할 시간이 없다 하더라도, 우리는 언제나 자신이 이루어놓은 일 안에서 살게 된다. 예측은 삶을 가져다준다.

감사의 말

이 책의 아이디어는 같은 주제를 영화로 다루려 했던 내 아들 제레미 덕분에 탄생했다.

책을 여러 번 읽고 세세한 부분을 일일이 확인해준 나탕 코헨, 플로리앙 도틸, 티보 프로사르, 로린 모로, 빅토르 에마뉘엘 니오에게 감사한다.

이 책의 몇몇 부분에 대해, 혹은 그 부분에서 다룬 주제에 대해 소중한 코멘트를 해준 뤽 비제, 브뤼노 보넬, 자비에 보테리, 마리 노엘 동페, 프랑수아즈 포마레, 피에르 앙리 살파티, 샤를 라트에게도 감사의 인사를 전한다.

더없이 훌륭한 편집 실력을 발휘해준 소피 드클로제와

파이야르 출판사의 다른 모든 공동편집자, 특히 소피 퀴쿠아야니, 마리 로르 드프레탱, 다비드 스트레펜의 노고에도 고마움을 표한다.

나는 이 책을 그토록 고대했던 클로드 뒤랑에게 헌정한다. 이 책의 원고는 35년간 나와 우정을 나누고 함께 작업했던 그가 검토하지 못한 첫 원고가 되고 말았다.

이번에도 나는 독자 여러분과의 소통을 기쁜 마음으로 기다린다. 부디 j@attali.com으로 의견을 보내주기 바란다. 지금까지 내 책을 읽고 이렇게 의견을 보내왔던 독자들은 내가 이메일을 보낸 모두에게 답장을 보낸다는 사실을 잘 알고 있을 것이다.

참고 문헌

도서

Al-Kindi, *The Forty Chapters*, éd. Charles Burnett, Cambridge University Press, 1993.

Alao, George, *Voyage á l'intérieur de la langue et de la culture yorubá*, Éditions des Archives contemporaines, 2014.

Albumasar, *Introductorium in astronomiam Albumasaris Abalachi octo continens libros partiales*, Melchior Sessa pour Jacob Pentius Leucensis, 1506.

Alles, Gregory, Ellwood, Robert, *The Encyclopedia of World Religions*, DWJ Books, 1998.

Antti, Ilmanen, *Expected Returns : An Investor's Guide to Harvesting Market Rewards*, John Wiley & Sons, 2011.

Aristote, *Traité du ciel*, Garnier-Flammarion, 2004.

Arpentigny, Casimir Stanislas d', *La Science de la main*, 1791.

Asimov, Isaac, *Foundation*, Gnome Press, 1951.

Attali, Jacques, *La Parole et l'Outil*, PUF, 1975.

Bruits. Économie politique de la musique, PUF, 1977, nouvelle
édition, Fayard, 2000.

La Nouvelle Économie française, Flammarion, 1978.

L'Ordre cannibale. Histoire de la médecine, Grasset, 1979.

Les Trois Mondes, Fayard, 1981.

Au propre et au figuré, Fayard, 1988.

Lignes d'horizon, Fayard, 1990.

Une brève histoire de l'avenir, Fayard, 2006 (nouvelle édition,
2015).

Devenir soi, Fayard, 2014.

Auzias, Dominique, Labourdette Jean-Paul, *Népal—Bhoutan*, Petit
futé, 2012—2013.

Balzac, Honoré de, *La Peau de chagrin*, Charpentier, 1839.

Bell, Daniel, *The Coming Of Post—industrial Society: A Venture in
Social Forecasting*, Basic Books, 1976.

Bellamy, Edward, *Cent ans après ou L'An 2000*, E. Dentu, 1891.

Belot, Jean, *L'Instruction familière et très facile pour apprendre les
sciences de chiromancie et physiognomie*, 1619.

Bernard, Pascal, *Qu'est—ce qui fait trembler la Terre?*, EDP Sciences,
2003.

Blackstone, Geoffrey Vaughan, *A History of the British Fire Service*,
Routledge and Kegan Paul, 1957.

Borel, Émile, Ville, Jean, *Applications de* la théorie des *probabilités
aux jeux du hasard*, Édition Jacques Gabay, 2009.

Bossuet, Jacques—Bénigne, *Politique tirée des propres paroles de l'*

Écriture sainte, Dalloz, 2003.

Œuvres completes, tome IX, Outhenin−Chalandre, 1840.

Bouché−Leclercq, Auguste, *Histoire de la divination dans l'Antiquité : divination hellénique et divination italique*, Grenoble, Jerôme Millon, 2003.

L'Astrologie grecque, Ernest Leroux, 1899.

Bradbury, Ray, *Fahrenheit 451*, Gallimard, 2000.

Buswell, Jr. Robert E., Lope, Donald S., *The Princeton Dictionary of Buddhism*, Princeton University Press, 2013.

Calasso, Roberto, *L'Ardeur*, Gallimard, 2014.

Casanova, Giacomo, *Histoire de ma vie*, Le Livre de Poche, 2014.

Cicéron, *De la divination*, Flammarion, 2004.

Coclès, Bartolomeo, *Le Compendion et brief enseignement de physiognomie et chiromancie*, traduction 1560, 1504.

Collin De Plancy, Jacques−Albin−Simon, *Dictionnaire infernal*, 1818, Éditions Slatkine, 1993.

Comte, Auguste, *Cours de philosophie positive*, Hermann, 1998.

Coué Émile, *La Maîtrise de soi−même par l'autosuggestion consciente*, Marabout, 2007.

Culas, Christian, *Le Messianisme hmong aux XXIe et XXe siècles*, Éditions de la Maison des sciences de l'homme, 2005.

Cusset, *Christian, La Métérologie dans l'Antiquité : entre science et croyance, Actes du Colloque international interdisciplinaire de* Toulouse, Saint−Étienne, 2−4 mai 2002.

Dabdab, Trabulsi José Antonio, *Participation directe et démocratie grecque : une histoire exemplaire?*, Institut des sciences et techniques de l'Antiquité, 2006.

Dalal, Roshen, *Hinduism : An alphabetical guide*, Penguin Global, 2011.

Dard, Olivier, *Bertrand de Jouvenel*, Perrin, coll. Biographies, 2008.

Darwin, Charles, *L'Origine des espèces*, UltraLetters, 2013.

Dechievre, Diane, *Astrologie, entre science et croyance*, Publibook, 2005.

Della Bianca, Luca, *Manuale di caffeomanzia. Il futuro nei fondi di caffè*, Hermes Edizioni, 2003.

Delsol, Michel, *Darwin, le hasard et Dieu*, Vrin, 2007.

Desautels, Jacques, *Dieux et mythes de la Grèce ancienne*, Les Presses de l'université Laval, 1988.

Dick, Philip K., *Minority Report*, Gallimard, 2002.

Dompnier, Robert, *Bhoutan : Royaume hors du temps*, Picquier, 2010.

Dubost, Michel, Lalanne, Stanislas, *Le Nouveau Théo : L'encyclopédie catholique pour tous*, Mame, 2009.

Edlman, Nicole, *Histoire de la voyance et du paranormal, Du XVIIIe siècle à nos jours*, Seuil, 2006.

Ehrlich, Paul Ralph, *The Population Bomb*, Buccaneer Books, 1995.

Engels, Friedrich, Marx, Karl, *Manifeste du parti communiste*, Flammarion, 1999.

Fawzia, Assaad, *Préfigurations égyptiennes de la pensée de Nietzsche : essai philosophique*, L'Âge d'Homme, 1986.

Fontbrune, Jean-Charles de, *470 ans d'histoire prédites par Nostradamus : 1555-2025*, Éditions Privat, 2006.

Forrester, Jay Wright, *Industrial Dynamics*, Martino Fine Books, 2013.

   Urban Dynamics, Pegasus Communications, 1969.

Gauquelin, Michel, *L'Influence des astres*, Éditions du Dauphin, 1955.

Gell, William, Gandy J. P., *Vues des ruines de Pompéi*, d'après l'ouvrage publié à Londres en 1819.

Gibson, Margaret, Helsop, Sandy, Pfaff, Richard, *The Eadwine Plaster : Text, Image and Monastic Culture in Twelfth Century Canterbury*, The Pennsylvania State University Press, 1992.

Griaule, Marcel, Dieterlen, Germaine, *Le Renard pâle*, Institut d'éthnologie, 1965.

Guilhou, Nadine, Peyre, Janice, *Mythologie égyptienne*, Marabout, 2014.

Gunn, Joshua, *Modern Occult Rhetoric : Mass Media and the Drama of Secrecy in the Twentieth*, The University of Alabama Press, 2005.

Haddad, Gérard, *Maimonide*, Les Belles Lettres, 1998.

Harrison, Harry, *Make Room ! Make Room !*, New York City, Doubleday, 1966.

Hefele, Karl Joseph, *Histoire des conciles d'après les documents originaux*, Letouzey et Ané Éditeurs, 1908.

Heinlein, Robert A., *Stranger in a Strange Land*, Putnam, 1991.

Herlin, Philippe, *Repenser l'économie : Mandelbrot, Pareto, cygne noir, monnaie complémentaire⋯ Les nouveaux concepts pour sortir de la crise*, Eyrolles, 2012.

Hérodote, *Histoires, tome VII : Polymnie*, Les Belles Lettres, 2003.

Hésiode, *Les Travaux et les Jours*, Fayard, Mille et une nuits, 1999.

Homère, *L'Iliade*, traduction de Leconte de Lisle, A. Lemerre, 1866.

    L'Odyssée, Folio, 1999.

Hortlich, Johan, *Die Kunst Chiromantie*, 1475.

Hugo, Victor, *Les Contemplations*, Flammarion, 2008.

Huxley, Aldous, *Brave New World*, London, Chatto & Windus, 1932 (traduction française : *Le Meilleur des mondes*, Plon, 1932).

Indagine, Jean d', *La Chiromancie et physiognomonie par le regard des membres de l'homme*, traduction 1622, 1522.

Irenaeus, Stevenson, *The Square of Sevens : an authoritative system of cartomancy*, CreateSpace Independent Publishing Platform, 2012.

Jacquier, Charles, *Simone Weil : l'expérience de la vie et le travail de la pensée*, Sulliver, 1998.

Juglar, Clément, *Des crises commerciales et de leur retour périodique*, Bibliothèque idéale des sciences sociales, 2014.

Kahn, Herman, Wiener, Anthony, *The Year 2000 : A Framework for Speculation on the Next Thirty-Three Years*, Collier Macmillan Ltd, 1968.

Kauffer, Rémi, *Le Siècle des quatre empereurs*, Perrin, 2014.

Kepler, Johannes, *Tertius Interviens*, extraits traduits par Kenneth Negus, Eucopia Publications, Princeton, N. J., 1987.

Knudsen, Toke Lindegaard, *The Siddhantasundara of Jñanaraja : An English Translation with Commentary*, Johns Hopkins University Press, 2014.

Kondratieff, Nikolaï, *Long Wave Cycle*, E. P . Dutton, 1984.

Kongtrul, Lodro Taye Jamgon, *The Treasury of Knowledge*, Snow Lion, 2013.

Kunth, Daniel, Zarka, Philippe, *L'Astrologie*, Presses universitaires de France, 《Que sais-je ?》, 2005.

Langlois, Alexandre, *Rig-Vedaou Livre des hymnes*, Maisonneuve et Cie, 1872.

Leontief, Wassily, *The Structure of American Economy*, Oxford

University Press, 1951.

Letronne, Antoine-Jean, *Sur l'origine du zodiaque grec et sur plusieurs points de l'astronomie et de la chronologie*, Nabu Press, 2012.

Malthus, Thomas Robert, *Essai sur le principe de population*, Éditions Gonthier, 1963 (traduction par Pierre Theil), Flammarion, 1992.

Mandelbrot, Benoît, Hudson, Richard L., *Une approche fractale des marchés*, Odile Jacob, 2005.

Marcolino Da Forli, Francesco, *Le Sorti*, 1540.

Marx, Karl, *Contribution à la critique de l'économie politique*, Éditions sociales, 1972.

Massé, Pierre, *Le Plan ou l'anti-hasard*, Gallimard, 1965.

Mathou, Thierry, *Le Bhoutan : dernier royaume bouddhiste de l'Himalaya*, Éditions Kailash, 1998.

Meynaud, Hélène-Yvonne, Duclos Denis, *Les Sondages d'opinion*, La Découverte, 2007.

Moore, Peter, *The Weather Experiment : The Pioneers who Sought to see the Future*, Chatto & Windus, 2015.

Morgenstern, Oskar, Neumann, John von, *Theory of Games and Economic Behavior*, Princeton University Press, 1944.

Morin, Edgar, Fischler, Claude, Defrance, Philippe, Petrossian, Lena, *La Croyance astrologique moderne*, Pratiques des sciences de l'homme, 1982.

Nostradamus, Michel de, *Les prophéties de Nostradamus*, Archipoche, 2013.

Parriaux, Aurèle, *Géologie : bases pour l'ingénieur*, PPUR, 2009.

Philastre de Brescia, Diversarum Hereseon Liber, F. Heylen, 1957.

Platon, *Timée suivi du Critias*, Flammarion, 1999.

Plutarque, *Les Vies des hommes illustres*, Gallimard, 1937.

Poinsot, M. C., *The Encyclopedia of Occult Sciences*, Literary Licensing, 2013.

Popov, Pavel Illitch, *La Balance de l'économie nationale de l'URSS*, 1926.

Ptolémée, *Tetrabiblos : le livre fondamental de l'astrologie*, Éditions Oxus, 2007.

Rabelais, François, *Les Cinq Livres de F. Rabelais*, Librairie des bibliophiles, 1876–1877.

Ranald, Josef, *Comment connaître les gens à travers leurs mains*, Modern Age Books, 1938.

Raphals, Lisa, *Divination and Prediction in Early China and Ancient Greece*, Cambridge University Press, 2013.

Regnault, Jules, *Calcul des chances et philosophie de la Bourse*, Mallet–Bachelier, 1863.

Renouvier, Charles, *Philosophie analytique de l'histoire : les idées, les religions, les systèmes*, t. I, Paris, Éd. Leroux, 1896–1897.

Rossi, Ilario, *Prévoir et prédire la maladie. De la divination au pronostic*, Aux lieux d'être, 2005.

Salisbury, Jean de, *Policraticus*, Presses universitaires de Nancy, 1991.

Schumpeter, Joseph, *Capitalisme, socialisme et démocratie*, Payot, 1990.

Sénèque, Lucius Annaeus, *Œuvres complètes de Sénèque, le Philosophe*, traduction de J. Baillard, L. Hachette et Cie, 1861.

Shakespeare, William, *Macbeth*, Flammarion, 2006.

Sophocle, *Œdipe roi/Le mythe d'Œdipe*, Folio, 2015.

Suétone, *Vie des Douze César*, 1868, Charpentier, Gallimard 《Folio》, 1975.

Swift, Jonathan, *Voyages de Gulliver*, Garnier Frères, 1856.

Taleb, Nassim Nicholas, *Le Cygne noir : la puissance de l'imprévisible*, Les Belles Lettres, 2012.

Tannery, Paul, *Recherches sur l'histoire de l'astronomie ancienne*, Cambridge University Press, 2015.

Tocqueville, Alexis de, *De la démocratie en Amérique*, Flammarion, 1999.

Trismégiste Johannes, *L'Art de connaître l'avenir par la chiromancie, les horoscopes, les divinations anciennes, le marc de café, etc.*, 1845.

Unschuld, Paul, Tessenow, Hermann, *Huang Di Nei Jing Su Wen : An Annotated Translation of Huajng Di's Inner Classic*, University of California Press, 2011.

Verne, Jules, *De la Terre à la Lune*, Paris, J. Hetzel, 1865.

    La Journée d'un journaliste américain en 2889, J. Hetzel, 1910.

Voltaire, Traité sur la tolérance, Gallimard, 2003.

Walras, Léon, *Éléments d'économie politique pure ou Théorie de la richesse sociale*, Kessinger Publishing, 2010.

Walshe, Maurice, *The Long Discourses of the Buddha, A Translation of the Digha Nikaya*, Wisdom Publications, 1995.

Wathelet, Paul, *Dictionnaire des Troyens de L'Illiade*, Université de Liège-Bibliothèque de la faculté de philosophie et lettres, 1988.

Wigzell, Faith, *Reading Russian Fortunes : Print Culture, Gender and Divination in Russia from 1765*, Cambridge University Press, 1998.

Wolfe, Bernard, *Limbo*, New York City, Random House, 1952.

Wolff, Francis, *Pourquoi la musique?*, Fayard, 2015.

Zacek, Milan, *Construire parasismique : risque sismique, conception parasismique des bâtiments, réglementation*, Parenthèses, 1996.

보고서

Bohrmann, Monette, 《La pluie dans le judaisme antique et l' inondation en Égypte》, 1992.

Bouvier, Gérard, Diallo, Fatoumata, INSEE, 《Soixante ans de réduction du temps de travail dans le monde》, janvier 2010.

Catéchisme de l'Église catholique, 1992.

Charles, Lionel, 《Perspectives sur l'histoire de la météorologie et de la climatologie》, *Écologie & Politique*, n° 33, Presses de Sciences Po, 2006.

Code pénal, Paris, Imprimerie impériale, 1810.

Code théodosien, Livre IX, 16, I ; traduction de Marie-Laurence Haack.

Cohen, Claudine, 《Symbolique de la main dans l'art pariétal paléolithique》, 7 mars 2012.

Constitution dogmatique sur la Foi catholique (Dei Filiu), Concile œcuménique du Vatican I.

Cramer, Diane, cours, "The astrology of heart disease".

Denis, Henri, intervention économique, 《La pensée de Schumpeter face à celles de Marx et de Walras》.

Elbaz, David, cours, 《Le système du temps dans la tradition chinoise》

Gallup, Sondage sur le paranormal, 2005.

GAO, Testimony Before the Subcommittee on Energy and Water Development, Committee on Appropriations, House of

Representatives, Lake Pontchartrain and Vicinity Hurricane Protection Project.

Gelard, Marie-Luce, 《Une cuiller à pot pour demander la pluie》, 2006.

Gremy, Jean-Paul, 《Questions et réponses : quelques résultats sur les effets de la formulation des questions dans les sondages》, *Sociétés contemporaines*, n° 16, décembre 1993.

INSEE, Structure des dépenses de consommation des ménages, 2 juin 2015.

Jouvenel, Bertrand de, Transcription de la conférence donnée à l' Interdepartmental Seminar du Rand, 30 novembre 1964.

Kert, Christian, 《Rapport sur les techniques de prévision et de prévention des risques naturels : séismes et mouvements de terrain》, 21 avril 1995.

Massé, Pierre, 《Réflexions pour 1985》, 1964.

Mediamento, communiqué de presse Mediamento, 《Les sondages politiques influencent les intentions de vote des électeurs》, 20 avril 2012.

Ministère de l'Écologie, du Développement Durable et de l'Énergie, Prévention des risques naturels—les séismes.

Ministère de l'Éducation nationale, Rétrospective du baccalauréat : 1960-2006, 2007.

Ministère de la Culture et de la Communication, Fréquentation des musées et expositions. Évolution 1973-2008, 8 juillet 2013.

Mousli, Béatrice, Roels, Corinne, 《*Futuribles* : naissance et histoire d' une revue de prospective》, *La Revue des revues*, n° 20, 1995.

Nivelon-Chevallier, Annie, 《Le test génétique, moyen de prédire l' avenir ?》, 2003.

Perez, V., 《Du doigt à la machine, le calcul》, Petit Journal, CNAM.

Peyrat, 《La publicité ciblée en ligne》, CNIL, 2009.

Polère, Cédric, 《La prospective. Les fondements historiques》, janvier 2012.

"Prediction and Forecasting", Economic, International Encyclopedia of the Social Sciences, 1968, Encyclopedia.com.

Randers, Jorgen, "2052 : A global forecast for the next forty years".

Solomon, S. et al., GIEC, 2007 : Changements climatiques 2007. Les éléments scientifiques. Contribution du Groupe de travail I au Quatrième Rapport d'évaluation du Groupe d'experts intergouvernemental sur l'évolution du climat. Cambridge University Press, Royaume-Uni et New York.

The federal response to hurricane Katrina lessons learned, 23 février 2006.

Uyeda, Seiya, Barrère, Martine, 《Comment prévoir les tremblements de terre》, Les Cahiers de Global Chance, février 1996.

Villeneuve, G. Oscar, 《La météorologie : aperçu historique》.

Volokhine, Y., 《Introduction à la religion de l'Égypte ancienne》, 2008.

연구논문

Bachelier, Louis, 《Théorie de la spéculation》, Annales scientifiques de l' ENS, 3e série, tome 17, 1900, p.21–86.

Bansaye, Vincent, Vatutin, Vladimir, "On the survival of a class of subcritical branching processes in random environment", 2013.

Bem, Daryl J., "Feeling the Future: Experimental Evidence for Anomalous Retroactive Influences on Cognition and Affect", *Journal of Personality and Social Psychology*, 100, pp.407−425, 2011.

Bollen, Johan, Mao, Huina, Zeng Xiaojun, "Twitter mood predicts the stock market", *Journal of Computational Science*, 2(1), mars 2011, pp.1−8.

Bungener, M., Joël, M.−E., 《L'essor de l'économétrie au CNRS》, *Cahiers pour l'histoire du CNRS*, 1989.

Carlson, Jennifer Anne, "The Economics of Fire Protection : From the Great Fire to London to Rural/Metro", Institute of Economics Affairs, Discussion Paper, 2005.

Caron, Cloé, 《Des hommes de larmes, des hommes de tristesse? La conception anthropogonique dans les textes des sarcophages du Moyen Empire égyptien (2040−1785)》, Université du Québec, Montréal, maîtrise en histoire, 2014.

Cho−Yank, "The Voice of Tibetan Religion and Culture, Looking into the future", 1994, 6, pp.111−118.

Colling, David, 《Perceptions chrétiennes des pratiques divinatoires romaines》, Folia Electronica Classica, Université de Louvain, 2005.

Cordobes, Stéphane, Durance, Philippe, 《Les Entretiens de la Mémoire de la Prospective : Hugues de Jouvenel, Directeur général du groupe Futuribles》, Mémoire de recherche dans le cadre du LIPSOR du Conservatoire national des arts et métiers, septembre 2014.

Dangel−Hagnauer, Cécile, Raybaut, Alain, 《Clément Juglar et la théorie des cycles en France au premier XXe siècle : quelques éléments d'analyse⟩, Revue européenne des sciences sociales, 2009.

Demon, Paul, Le κληρωτήριον (⟨machine à tirer au sort⟩) et la démocratie athénienne, 2003.

Devavrat, Shah, Zhang Kang, Bayesian regression and Bitcoin, MIT, 2014.

Dubal, Léo, Xiaoxue, Yuan, ⟨E n chinois dans le rêve⟩, Essaim 1, n° 20, pp.201−09, 2008.

Dumontier, Florence, ⟨Histoire des machines a calculer (1850−1914)⟩, Rapport de recherche bibliographique, 1995.

Einstein, Albert, ⟨De l'éctrodynamique des corps en mouvement⟩, 1905.

Fattal, Michel, ⟨Le logos d'Héraclite : un essai de traduction⟩, *Revue des études grecques*, tome 99, fascicule 470−71, janvier−juin 1986, pp.142−152.

Florisoone, André, ⟨Les origines chaldéennes du zodiaque⟩, *Ciel et Terre*, vol. 66, 1950.

Gauquelin, Michel, "Is There Really a Mars Effect? Above & Below", *Journal of Astrological Studies*, n° 11, automne 1988, pp.4−7.

Gayon, Jean, ⟨Évolution et hasard⟩, *Laval théologique et philosophique*, vol. 61, n° 3, octobre 2005, pp.527−537.

Guenzi, Caterina, ⟨Faculté de prévoir. L'strologie dans les universités indiennes, Extrême−Orient, Extrême−Occident⟩, 2013.

Harvey, Guillaume, ⟨Étude anatomique du mouvement du coeur et du sang chez les animaux⟩, *Revue d'istoire des sciences et de leurs applications*, vol. 5, n° 1, 1952, pp.95−7.

Hayek, Matthias, ⟨Les manuels de divination japonais au début de l'poque d'Edo (XVIIIᵉ siècle) : décloisonnement, compilation et vulgarisation⟩, *Revue d'Extrême−Orient*, 2013.

Herlin, Philippe, 《La remise en cause du modèle classique de la finance par Benoît Mandelbrot et la nécessité d'intégrer les lois de puissance dans la compréhension des phénomènes économiques》, these, CNAM, 2012.

Kahneman, Daniel, Tversky, Amos, "Prospect Theory: An Analysis of Decision under Risk", *Econometrica*, vol. 47, n° 2, mars 1979, pp.263-291.

Karabulut, Yigitcan, "Can Facebook Predict Stock Market Activity?", Goethe University Frankfurt, 2013.

Keyes, Charles F., Daniel, E. Valentine, "Karma: An Anthropological Inquiry", *The Journal of Asian Studies*, vol. 44, n° 2, février 1985, pp.429-31.

Khachaturov, T. S., "Long-Term planning and forecasting in the USSR", *American Economic Review*, vol. 62, n° 2, 1972, pp.444-445.

Kisch, Yves de, 《Les Sortes Vergilianae dans l'istoire Auguste》, in *Mélanges d'rchéologie et d'istoire*, 1970, vol. 82.

Kitchin, Joseph, "Cycles and trends in economic factors", The *Review of Economics an Statistics*, vol. 5, n° 1, janvier 1923, pp.10-16.

Le Gall, Philippe, 《Les modèles économiques : perspectives méthodologiques et historiques》, *Revue d'istoire des sciences humaines*, 2008.

Lucas, Robert, "Econometric policy evaluation: A critique", in *The Phillips curve and labor markets*, ed. Karl Brunner and Allan H. Meltzer, 1976.

Mandelbrot, Benoît, Adlai, J. Fisher, Laurent, E. Calvet, "A Multifractal Model of Asset Returns", Cowles Foundation for research in economics, Yale University, 1996.

Mandelbrot, Benoît, "The Variation of Certain Speculative Prices", The Journal of Business, vol. 36, n° 4, octobre 1963, pp.394−419.

Meadows, Donella H., Meadows, Dennis L., Randers, Jørgen et Behrens, William W., Rapport publié du Club de Rome, 1972.

Messner, Donna A., "Informed choice in direct−to−consumer genetic testing for Alzheimer and other diseases : lessons from two cases", New Genet Soc, 2011.

Michelson, Albert, Morley, Edward, "On the relative Motion of the Earth and the Luminiferous Ether", The American Journal of Science, novembre 1887.

Moore, Gordon Earle, "Cramming More Components Onto Integrated", Electronics, 1965.

Morgan, Carole, 《La divination d'après les croassements des corbeaux dans les manuscrits de Dunhuang》, Cahiers d'Extrême−Asie, 1987.

Naftulin, Donald H., Ware, John E. Jr., Donnelly, Frank A., "The Doctor Fox Lecture: A Paradigm of Educational Seduction", Journal of Medical Education, vol. 48, 1973, pp.630−635.

Pingree, David, "Astronomy and Astrology in India and Iran", Isis− Journal of The History of Science Society, 1963.

Pommaret, Françoise, 《Rituels aux divinités locales de Kheng Bu li (Bhoutan central)》, Revue d'études tibétaines, n° 6, 2004.

Pons, Alain, 《Histoire idéale éternelle》 et 《Histoire universelle》 chez Vico, Noesis, août 2005.

Preis, Tobias, Moat, Helen Susannah, Stanley, H. Eugene, "Quantifying Trading Behavior in Financial Markets Using Google Trends", Scientific Reports 3, article n° 1684, 2013.

Quesnay, François, Tableau économique, 1758.

Rankin, Keith, "Circular Flow: Drawing Further Inspiration from William Harvey", Unitec Institute of Technology, 14 juin 2012.

Richard, Mathieu, Bansaye, Vincent, Méléard, Sylvie, "How do birth and death processes come down from infinity?", 2013.

Robert, Philippe, 《Essai de reconstitution du tableau intersecteur de l'économie soviétique pour 1959》, Revue économique, vol. 14, issue 4, pp.575-02, 1963.

Rocher, Alain, 《Religions et traditions populaires du Japon》, Annuaire de l'École pratique des hautes études (EPHE), Section des sciences religieuses, 2011.

Roshdi, Rashed, 《Le modèle de la sphère transparente et l'explication de l'arc-en-ciel : Ibn al-Haytham, al-Farisi》, Revue d'histoire des sciences et de leurs applications, vol. 23, n° 2, 1970.

Rothbard, Murray N., "Breaking Out of the Walrasian Box: The Cases of Schumpeter and Hansen", Review of Austrian Economics, vol. 1-10, 2005.

Ruze, Françoise, 《Le Conseil et l'Assemblée dans la grande Rhêtra de Sparte》, Revue des études grecques, tome 104, fascicule 495-496, pp.15-30, janvier-juin 1991.

Sadler, James C., "Tropical cyclones of the Eastern North Pacific as Revealed by TIROS observations" J. Appl. Meteor., 3, pp.347-66, 1963.

Schachermayer, Walter, Teichmann, Josef, "How close are the option pricing formulas of bachelier and black-merton-scholes?", Mathematical Finance, vol. 18, issue 1, pp.155-170, janvier 2008.

Sheets, Robert C., "The National Hurricane Center, Past, Present and Future", 15 février 1990.

Steinmann, Brigitte, 《De la cosmologie tibétaine au mythe de l'État, Historiographie rnyingmapa tamang (Népal)》, *Revue d'tudes tibétaines*, n° 12, 2007.

Thompson, Maury B., "The Law of Storms Developed", *Popular Science Monthly*, février 1873.

Vincent, J.-F., 《Techniques divinatoires des Saba (montagnards du Centre-Tchad)》, *Journal de la société des africanistes*, 1966.

Vroey, Michel de, Malgrange, Pierre, 《Théorie et modélisation macro-économiques, d'hier à aujourd'ui》, *Revue française d'économie*, vol. 21, n° 3, pp.3-8, 2007.

Wolff, Philippe, 《Maintenance prédictive : une approche stochastique》, thèse, 1996.

신문 기사

Ait-Kacimi Nessim, 《Europe : le trading haute fréquence en chiffres》, *Les Échos*, 21 décembre 2014.

Ballet, Nicolas, 《Les chômeurs de plus en plus nombreux à consulter des voyants》, *Le Progrès*, 27 mars 2013.

Barthélémy, Pierre, 《La prévision du climat est-elle fiable ? Un entretien avec Sandrine Bony》, Blog Passeur de sciences, 2 juin 2013.

　　　　　　《L'espèce humaine, échec et mat》, Le Monde, 11 septembre 2014.

　　　　　　《La science qui veut prédire les crimes》, Blog Passeur de sciences, 1er mars 2013.

Belfiore, Guillaume, 《Publicité ciblée : Facebook s'appuiera sur l' historique de navigation》, *Clubic*, 13 juin 2014.

Bianchini, Laurence, 《Ce qu'il faut savoir des méthodes de sondage》, *My science work*, 20 avril 2012.

Bisceglio, Paul, 《Wikipédia diagnostique la grippe》, *Courrier International*, 24 juin 2014.

Brandy, Gregor, Chaudagne, Étienne, 《Les jeux où l'homme bat (encore) la machine》, *Le Monde*, 25 septembre 2014.

Bresnick, Jennifer, "EHR analytics predict link between Type 2 diabetes, dementia", *Health IT Analytics*, 20 août 2013.

"EHR data analytics help detect risk, outcomes of sepsis", *Health IT Analytics*, 17 mars 2014.

"Four Use Cases for Healthcare Predictive Analytics, Big Data", *Health IT Analytics*, 22 avril 2015.

"IndiGO predictive risk scores reduce heart attacks, strokes", *Health IT Analytics*, 13 septembre 2013.

"Predictive Analytics Help Identify Military Suicide Risk", *Health IT Analytics*, 13 novembre 2014.

"Predictive, clinical analytics at MGH turn data into insights", *Health IT Analytics*, 20 août 2014.

Cabut, Sandrine, 《Dépistage prénatal, génération tests ADN》, *Le Monde*, 3 mars 2015.

Capaud, Alain, 《Faire une place au big data dans l'atelier》, *L'Usine nouvelle*, 26 juin 2014.

Cookson, Clive, "Diagnostic: DNA to deliver safer pregnancies", *FT Magazine*, 17 avril 2015.

Danaguezian, Gérard, 《Que valent les sondages pré-électoraux?》, *Survey Magazine*, 30 août 2008.

Degon, André, «Waze, la petite application qui sait se rendre indispensable», *Le Point*, 6 décembre 2013.

Deraedt, Aude, «Le jeu de go, le seul auquel l'homme est plus fort que l'ordinateur», *Slate*, 12 mai 2014.

Djebbar, Ahmed, «Ibn Al-Haytham, mathématicien et physicien arabe du XIe siècle», *L'Humanité*, 16 janvier 2015.

Einstein, Albert, «De l'électrodynamique des corps en mouvement», paru en septembre 1905 dans le journal Annalen der Physik («Zur Elektrodynamik bewegter Körper»).

El-Hassani, Jamal, «Savez-vous comment Twitter et Facebook vous ciblent?», Le Figaro, 12 juin 2015.

Eudes, Yves, «Comment notre ordinateur nous manipule», Le Monde, 19 mai 2014.

Fessler, Pam, "Why Wasn' New Orleans Better Prepared?", NPR, 2005.

Fontan, Sylvain, «Faut-il réguler le trading à haute fréquence ?», *La Tribune*, 1er novembre 2014.

Garrigou, Alain, «Oui, les sondages influencent l'ttitude des électeurs!», *Le Monde*, 24 avril 2012.

Gompel, Nicolas, Prud'dHomme Benjamin, «Peut-on prédire l' évolution des espèces?», *Le Monde*, 25 octobre 2012.

Gros, Maryse, «Edicia associe big data et sécurité urbaine», Le Monde Informatique, 19 février 2014.

Guimard, Emmanuel, «Edicia crée un outil de pilotage des risques pour la police urbaine», Les Échos, 2 décembre 2013.

Herlin, Philippe, «Redécouvrir Benoît Mandelbrot en période de turbulences», *La Tribune*, 5 février 2009.

Hombourger, Manon, 《Bison Futé se trompe rarement mais préférerait qu'on lui donne plus souvent tort》, *Atlantico*, 3 août 2013.

Jung, Marie, 《Publicité en ligne : le RTB, comment ça marche?》, *01Business*, 22 septembre 2014.

Kelion, Leo, "ondon police trial gang violence predicting software" *BBC*, 29 février 2014.

La Brosse, Julie de, 《Le trading de haute fréquence pour les nuls》, *L'Express*, 27 avril 2011.

Larigaudrie, Antoine, 《Premières sanctions contre les pirates du trading haute fréquence》, *BFM Business*, 8 mai 2015.

Laronche, Martine, 《La voyance surfe sur nos angoisses》, *Le Monde*, 2 juillet 2011.

Larousserie, David, 《La finance à la vitesse de la lumière》, *Le Monde*, 27 mai 2015.

Leloup, Damien, 《Les ordinateurs sont-ils venus à bout de l'homme aux échecs?》, *Le Monde*, 29 septembre 2009.

《Les "big data", nouvel outil contre les épidémies comme Ebola?》, *Sciences et Avenir*, 27 octobre 2014.

Markoff, John, "A Climate-Modeling Strategy That Won' Hurt the Climate", *The New York Times*, 11 mai 2015.

MCDonnell, Tim, "For Preventing Disease, Data Are the New Drugs", *Nautilus*, 5 février 2015.

Morin, Hervé, 《Le génome humain à 1000 dollars》, Le Monde, 1er janvier 2013.

NBC News, "Katrina forecasters were remarkably accurate", 19 septembre 2005.

Onion, Rebecca, traduit par Levenson, Claire, 《Il a lu les lignes de la main de Roosevelt, Hitler et Mussolini en 1938 : voilà ce qu'il y a vu》, *Slate*, 31 mars 2015.

Piquet, Caroline, 《L'ADN ne peut pas prédire toutes les maladies graves》, *Le Figaro*, 4 avril 2012.

Press, Gil, "A Very Short History Of Big Data", *Forbes*, 5 septembre 2013.

Raynal, Juliette, 《Grâce au big data, la maintenance devient prédictive》, *Industrie et technologie*, 11 juin 2016.

Rozenfeld, Monica, "The Future of Crime Prevention", *The Institute*, 15 septembre 2014.

Rutkin, Aviva, "Wikipedia searches and sick tweets predict flu cases", *New Scientist*, 17 avril 2014.

Saint-Hyppolyte, Stanislas de, Crowther, Philip, 《Huit ans après Katrina, La Nouvelle-Orléans panse toujours ses plaies》, France 24, 25 avril 2014.

Sillard, Benoît, 《Échec et mat? Les ordinateurs gagnent du terrain dans la concurrence avec l'umain》, *Atlantico*, 13 novembre 2013.

Slavicek, Marie, 《Le logiciel qui permet de prédire les crimes : quand Minority Report devient la réalité》, Atlantico, 25 janvier 2012.

Solletty, Marion, 《C onnaître les secrets de son ADN, une fausse bonne idée?》, FranceTVinfo, 12 février 2014.

Sturlese Tosi, Giorgio, 《Key Crime, le logiciel qui prédit les crimes》, *Courrier International*, 12 novembre 2013.

Thal Larsen, Peter, "Goldman pays the price of being big", *Financial Times*, 13 août 2007.

The New York Times, "Mme de Thebes' war prophecies", 21 mars 1915.

The Spectator Archive, "Reid' application of the law of storms", *The Times of India*, "People seek astrological advise from Banaras Hindu University experts to tackle health issues", 13 février 2014.

Thomas, Pierre, "Were the Warning Signs of Katrina Ignored?", *ABC News*, 12 septembre 2005.

Versel, Neil, "Twitter helps predict ED visits for asthma", *Medcitynews*, 21 avril 2015.

Vion-Dury, Philippe, 《Pour être efficace, la publicité doit faire semblant de rater sa cible》, *Rue89*, 21 octobre 2014.

Vyas, Hetal, "Astrology is a science: Bombay HC", *The Times of India*, 3 février 2011.

영상자료

〈2001 : l'dyssée de l'space〉, Stanley Kubrick, Metro-Goldwyn-Mayer, Warner Bros et Turner Entertainment, États-Unis, Royaume-Uni, 1968.

〈Bienvenue à Gattaca〉, Andrew Niccol, Columbia Pictures, 1997.

〈Blade Runner〉, Ridley Scott, Warner Bros, 1982.

〈Her〉, Spike Jonze, Warner Bros, 2013.

〈Interstellar〉, Christopher Nolan, 2014.

〈Metropolis〉, Fritz Lang, Allemagne, UFA et Paramount Pictures, 1927.

〈Mr. Nobody〉, Jacob Van Dormael, Wild Bunch, 2009.

〈Soleil vert〉, Richard Fleischer, Metro-Goldwyn-Mayer, 1973.

저자의 다른 작품들

에세이

Analyse économique de la vie politique, PUF, 1973.

Modeles politiques, PUF, 1974.

L'nti–économique (avec Marc Guillaume), PUF, 1975.

La Parole et l'Outil, PUF, 1975.

Bruits. Économie politique de la musique, PUF, 1977, nouvelle édition, Fayard, 2000.

La Nouvelle Économie française, Flammarion, 1978.

L'Ordre cannibale : Histoire de la médecine, Grasset, 1979.

Les Trois Mondes, Fayard, 1981.

Histoires du Temps, Fayard, 1982.

La Figure de Fraser, Fayard, 1984.

Au propre et au figuré. Histoire de la propriété, Fayard, 1988.

Lignes d'horizon, Fayard, 1990.

1492, Fayard, 1991.

Économie de l'Apocalypse, Fayard, 1994.

Chemins de sagesse : traité du labyrinthe, Fayard, 1996.

Fraternités, Fayard, 1999.

La Voie humaine, Fayard, 2000.

Les Juifs, le Monde et l'Argent, Fayard, 2002.

L'Homme nomade, Fayard, 2003.

Foi et Raison –Averroès, Maimonide, Thomas d'Aquin, Bibliotheque nationale de France, 2004.

Une brève histoire de l'venir, Fayard, 2006 (nouvelle édition, 2009–2015).

La Crise, et après?, Fayard, 2008.

Le Sens des choses, avec Stéphanie Bonvicini et 32 auteurs,, Robert Laffont, 2009.

Survivre aux crises, Fayard, 2009.

Tous ruinés dans dix ans? Dette publique, la dernière chance, Fayard, 2010.

Demain, qui gouvernera le monde?, Fayard, 2011.

Candidats, répondez!, Fayard, 2012.

La Consolation, avec Stéphanie Bonvicini et 18 auteurs, Naive, 2012.

Avec nous, après nous···Apprivoiser l'venir, avec Shimon Peres, Fayard/Baker Street, 2013.

Histoire de la modernité. Comment l'umanité pense son avenir, Robert Laffont, 2013.

Devenir soi, Fayard, 2014.

사전

Dictionnaire du XXIᵉ siècle, Fayard, 1998.

Dictionnaire amoureux du judaisme, Plon/Fayard, 2009.

소설

La Vie éternelle, roman, Fayard, 1989.

Le Premier Jour après moi, Fayard, 1990.

Il viendra, Fayard, 1994.

Au-dèla de nulle part, Fayard, 1997.

La Femme du menteur, Fayard, 1999.

Nouv'Elles, Fayard, 2002.

La Confrérie des Éveillés, Fayard, 2004.

Notre vie, disent-ils, Fayard, 2014.

전기

Siegmund Warburg, un homme d'influence, Fayard, 1985.

Blaise Pascal ou le Génie français, Fayard, 2000.

Karl Marx ou l'Esprit du monde, Fayard, 2005.

Gândhî ou l'Éveil des humiliés, Fayard, 2007.

Phares. 24 destins, Fayard, 2010.

Diderot ou le bonheur de penser, Fayard, 2012.

극본

Les Portes du Ciel, Fayard, 1999.

Du cristal à la fumée, Fayard, 2008.

동화

Manuel, l'enfant-rêve (ill. par Philippe Druillet), Stock, 1995.

회고록

Verbatim I, Fayard, 1993.
Europe(s), Fayard, 1994.
Verbatim II, Fayard, 1995.
Verbatim III, Fayard, 1995.
C'tait François Mitterrand, Fayard, 2005.

보고서

Pour un modèle européen d'nseignement supérieur, Stock, 1998.
L'venir du travail, Fayard/Institut Manpower, 2007.
300 décisions pour changer la France, rapport de la Commission pour la libération de la croissance française, XO/La Documentation française, 2008.
Paris et la Me, La Seine est Capitale, Fayard, 2010.
Une ambition pour 10 ans, rapport de la Commission pour la libération de la croissance française, XO/La Documentation française, 2010.
Pour une économie positive, groupe de réflexion présidé par Jacques Attali, Fayard/La Documentation française, 2013.

Francophonie et francophilie, moteurs de croissance durable, rapport au Président de la République, La Documentation française, 2014.

그외 간행물

Mémoire de sabliers : collections, mode d'emploi, Éditions de l'mateur, 1997.
Amours : Histoires des relations entre les hommes et les femmes, avec Stéphanie Bonvicini, Fayard, 2007.

옮긴이 김수진

이화여자대학교와 한국외국어대학교 통번역대학원을 졸업한 후 공공기관에서 통번역 활동을 해왔다. 현재 번역 에이전시 엔터스코리아에서 출판기획자 및 전문번역가로 활동하고 있다. 옮긴 책으로는 『언제나 당신이 옳다』『네오르네상스가 온다』『부모와 아이들』『걸인과 부랑자』『두려워 말라, 너는 내 사람』 등이 있다.

KI신서 6355

어떻게 미래를 예측할 것인가

1판 1쇄 발행 2018년 1월 29일
1판 2쇄 발행 2018년 2월 14일

지은이 자크 아탈리 **옮긴이** 김수진
펴낸이 김영곤 **펴낸곳** (주)북이십일 21세기북스

정보개발본부장 정지은 **정보개발1팀장** 이남경 **책임편집** 이현정
해외기획팀 임세은 채윤지 장수연 **출판영업팀** 이경희 이은혜 권오권
출판마케팅팀 김홍선 최성환 배상현 신혜진 김선영 나은경
홍보기획팀 이혜연 최수아 김미임 박혜림 문소라 전효은 염진아 김선아
표지디자인 윤대한 **본문디자인** 박선향 **제휴팀** 류승은 **제작팀** 이영민

출판등록 2000년 5월 6일 제406-2003-061호
주소 (10881) 경기도 파주시 회동길 201(문발동)
대표전화 031-955-2100 **팩스** 031-955-2151 **이메일** book21@book21.co.kr

ⓒ 자크 아탈리, 2018

ISBN 978-89-509-6302-6 03100

(주)북이십일 경계를 허무는 콘텐츠 리더

21세기북스 채널에서 도서 정보와 다양한 영상자료, 이벤트를 만나세요!
페이스북 facebook.com/21cbooks 블로그 b.book21.com
인스타그램 instagram.com/21cbooks 홈페이지 www.book21.com
서울대 가지 않아도 들을 수 있는 명강의! 〈서가명강〉
네이버 오디오클립, 팟빵, 팟캐스트에서 '서가명강'을 검색해보세요!

책값은 뒤표지에 있습니다.

이 책 내용의 일부 또는 전부를 재사용하려면 반드시 (주)북이십일의 동의를 얻어야 합니다.
잘못 만들어진 책은 구입하신 서점에서 교환해드립니다.